Henri Giscard d'Estaing, en 1984 à Courchevel.

AVANT-PROPOS
CLUB MED ET LA MONTAGNE FRANÇAISE : UNE CORDÉE POUR DEMAIN

TEXTE
HENRI GISCARD D'ESTAING, EX-PDG DU CLUB MED

Fils aîné de l'ancien président de la République, Henri Giscard d'Estaing a débuté très tôt en politique avant d'entamer une carrière d'homme d'affaires. Après avoir intégré le Club Méditerranée en 1997, il en devient PDG en 2005 jusqu'à l'été 2025, soit 20 années au sommet d'un des acteurs majeurs du tourisme dont la montée en gamme reflète également celle des grands domaines skiables.

La montagne occupe une place importante dans ma vie. Depuis toujours. Aussi loin que je me souvienne, enfant, je dévalais les pistes dans le sillage de mes parents. Même pendant les années passées à la présidence de la République, mon père ne concevait pas un hiver sans séjour à la neige. Il a transmis à toute notre famille la passion du ski, mais aussi le goût du grand air, du silence feutré sous les flocons, de l'effort sur les pentes vertigineuses.

LA MONTAGNE N'EST PAS UN DÉCOR, C'EST UNE ÉCOLE DE VIE

Le ski, pour nous, ce n'était pas une posture, mais un plaisir, une passion, la liberté. Et pour moi, la magie ne s'est jamais interrompue, fidèle à des mots écrits par Gaston Rébuffat : «La montagne, c'est un état d'âme.» Cet état d'âme, le Club Med s'attache à le perpétuer, à le sauvegarder, à le sublimer, mais surtout, à le partager avec tous ceux qui, saison après saison, choisissent l'altitude pour porter d'autres regards, ralentir le rythme, se reconnecter. Cette ambition ne date pas d'hier, puisque c'est dès 1957 que le Club Med a choisi de faire de la montagne un nouvel horizon. Tout commença par une intuition visionnaire, lorsque Gérard Blitz et Gilbert Trigano décidèrent d'ouvrir le tout premier village du Club Med à Leysin, en Suisse. Deux ans plus tard, en 1959, Serre Chevalier devint la première implantation française du Club Med sur les sommets. A l'époque, ce fut bien plus qu'un pari, mais bel et bien un véritable manifeste. Celui d'une évasion joyeuse, libre, collective, en harmonie avec l'humain et la nature.

PERPÉTUER L'ÉMOTION, RENFORCER L'ÉCONOMIE

Le temps s'est écoulé. Pour beaucoup, grâce à la démocratisation des loisirs, à l'ouverture de nombreuses stations, à la multiplication des transports, les vacances à la neige sont entrées dans les habitudes. Mais de nos jours, la montagne française ne peut vivre pleinement lors d'une saison réduite à quelques semaines d'affluence. Trop d'hébergements vacants, trop d'équipements sous-exploités, trop de territoires en tension. Face à cela, le Club a mesuré les enjeux et pris des décisions : nos resorts sont souvent les premiers à ouvrir, chaque année, et les derniers à fermer. Nous croyons à la magie des premières neiges, au charme et à la force d'un Noël retrouvé, chaleureux, régénérant. Et nous croyons aussi à la douceur d'un printemps de ski : enchaîner les descentes et les courbes en tee-shirt, savourer un déjeuner au soleil, rallonger la journée – et la saison – dans l'éclat de la lumière. Réenchanter Noël, magnifier l'hiver, créer et prolonger des moments magiques.

Ce combat, pacifique et déterminé, nous le menons main dans la main avec l'ensemble de la cordée alpine. L'harmonisation des calendriers scolaires au niveau européen est une avancée que nous apprécions et saluons. Cependant, il faut aller plus loin. Rendre la montagne désirable au-delà des sommets. Réveiller l'envie, repenser la philosophie, réinventer l'approche : un défi collectif, pour les stations, pour les acteurs locaux, pour l'emploi. Et avant toute chose pour continuer de faire rêver.

L'ÉTÉ, NOUVEAU RENDEZ-VOUS ALPIN

La montagne n'est plus seulement une destination hivernale ; elle est aussi, chaque été davantage, un refuge pour celles et ceux qui fuient la chaleur, le bruit, le stress des villes trépidantes. Nous avons pris la décision de faire bouger les lignes. Ainsi, la très grande majorité de nos resorts lancés depuis dix ans sont ouverts pendant les deux saisons majeures. Là-haut, chacun retrouve la splendeur des cimes, le calme des forêts, le chant de l'eau vive. Une autre idée du bonheur en vacances. Nous proposons de pratiquer le VTT électrique, de randonner le long des torrents, de savourer une séance de yoga à l'aube face aux cimes, de contempler les étoiles depuis les toits-terrasses. Mais aussi de faire la fête et de profiter des espaces exceptionnels de nos resorts. L'été en montagne au

Tout est compris, même le moniteur, mieux que de la réclame, déjà du marketing.

« LE SKI, POUR NOUS, CE N'ÉTAIT PAS UNE POSTURE, MAIS UN PLAISIR, UNE PASSION, LA LIBERTÉ. ET POUR MOI, LA MAGIE NE S'EST JAMAIS INTERROMPUE, FIDÈLE À DES MOTS ÉCRITS PAR GASTON RÉBUFFAT : "LA MONTAGNE, C'EST UN ÉTAT D'ÂME". »

Une piste à son nom, ou comment vraiment s'ancrer dans un territoire.

Club Med est devenu un nouvel exotisme, une évasion inédite, un luxe de proximité. Comme l'affirmait Roger Frison-Roche : « En montagne, on ne triche pas. » C'est sans doute cette vérité qui plaît tant aux générations d'aujourd'hui : l'authentique, le naturel, le beau.

ALPES 2030, UNE CHANCE À SAISIR, UN AVENIR À CONSTRUIRE

La France accueillera les Jeux olympiques d'hiver en 2030. C'est un honneur, immense, mais aussi une responsabilité, gigantesque. Nous avons l'opportunité de montrer au monde le meilleur de nos montagnes : ses stations, ses talents, ses atouts. Le Club Med s'investira pleinement dans cette aventure. Parce qu'un événement majeur doit aussi laisser un héritage – qu'il s'agisse d'infrastructures, d'attractivité, d'emplois –, ce moment d'unité peut, et doit, devenir le moteur d'un tourisme de montagne réimaginé.

LA MONTAGNE, CE QUE LE MONDE A TROP OUBLIÉ, CE QU'IL NOUS FAUT RAPPELER, CE QUE NOUS DEVONS TRANSMETTRE.

La montagne est une école de la patience, du silence, de l'effort. Elle ne se donne pas, elle se mérite. Elle n'oublie rien, mais offre tout. C'est un univers qui me parle, qui me touche, qui m'inspire. Je n'ai jamais oublié cette phrase entendue jadis de la bouche d'un anonyme : « La montagne ne se possède pas, elle s'habite, elle se respecte, elle s'aime. » Et parce qu'elle m'a tant appris, tant fait rêver, tant apporté de bonheur, je continuerai, avec le Club Med, à la faire découvrir, respecter, à la rendre accessible, accueillante, pour que chacun puisse l'aimer pleinement, dans ce qu'elle a de plus beau.

MARKETING

DES AFFICHES AUX RÉSEAUX SOCIAUX

PLUS DE CENT ANS DE PROMOTION AU SERVICE DES STATIONS DE SKI

Du début du xxe siècle à aujourd'hui, la promotion des stations de montagne raconte autant l'histoire du ski que celle de nos sociétés. Entre tradition, modernité et quête d'authenticité, des affiches sobres aux tons pastel, en passant par les influenceurs, retour sur plus d'un siècle de stratégies de communication.

TEXTE
MÉRYLL BOULANGEAT

Les premiers slogans publicitaires inversent aussi la dure réalité du ski, pas si facile à maîtriser à l'époque des pionniers !

Création "LE NOVATEUR" 9, Rue Falguière, Paris.

336

La piste de bob de Perquelin magnifiée par Roger Broders. Le commencement du commencement des sports d'hiver.

Se pencher sur l'évolution de la communication des stations, c'est comme ouvrir le livre de la grande histoire du ski français. Derrière la promotion de ces montagnes à skieurs se dessinent les habitudes de consommation, les grandes tendances, les envies et les préoccupations de l'époque concernée. Si chaque vallée, chaque station a ses particularités, la communication reste souvent assez conventionnelle. Sébastien Mérignargues, directeur de l'office de tourisme de l'Alpe d'Huez, gravite dans l'univers des stations de ski depuis plus de trente ans : « Il y a peu de modèles décalés, de campagnes de communication qui sortent du lot dans les stations, observe-t-il. Tout s'uniformise, tout le monde suit les tendances. Cela s'explique notamment par le fait que la montagne et la nature y prennent beaucoup de place et que ce sont des univers naturellement beaux, inspirants. Ce sont souvent des contenus léchés, de belles images. Il est difficile de s'affranchir de ces codes. »

DÉBUT DU XXe SIÈCLE – ANNÉES 1960 : LA « BELLE ÉPOQUE » DES AFFICHES

Dès la fin du XIXe siècle, les affiches promotionnelles voient le jour dans les stations suisses et françaises. « Elles sont le miroir d'une époque », analyse Frédéric Lozada, vendeur d'affiches anciennes et organisateur de ventes aux enchères depuis plus de 35 ans. Le style vestimentaire, la composition de l'affiche, tout ramène à l'époque où elles ont été créées. Au début des années 1900, les affiches sont le moyen de communication le plus répandu. Minimalistes, elles arborent des tons pastel et mettent en scène les sports d'hiver dans leur globalité. Parallèlement, la promotion passe aussi par l'événementiel, dès 1907, avec le premier concours international de ski organisé à Montgenèvre pour l'ouverture de la station. Quelques années plus tard, les Jeux olympiques de Chamonix 1924 marquent un tournant : les couleurs vives et le style Art déco font leur apparition. « Les affiches aux lignes épurées et aux formes géométriques deviennent des œuvres d'art, signées par des artistes comme Roger Broders, Roger Soubie ou Allo. Certaines sont aujourd'hui estimées à 20 000 euros », précise Frédéric Lozada. Prisées, les affiches d'époque continuent de faire la promotion des stations au fil des décennies et sont très recherchées, notamment aux États-Unis. C'est sûrement, à ce jour, l'outil marketing ayant traversé le plus d'époques,

Dans la première moitié du XXe siècle, les affiches ont été le seul support publicitaire avec une forte implication des compagnies de transports en commun vantant la découverte d'un monde jusqu'alors ignoré.

alors même que la production s'est essoufflée au début des années 2000, avec l'arrivée d'internet. Jusqu'en 1960, c'est la Compagnie des chemins de fer qui assure la promotion du tourisme et du ski, mettant en place, en plus des affiches, des campagnes publicitaires dans les gares, les agences de voyages et en proposant des offres combinant train et hôtel. Les stations de ski renvoient alors une image prestigieuse et attirent principalement un public huppé et élitiste.

1960 – 1980 : LE SKI SE DÉMOCRATISE ET SE MODERNISE

Si, jusqu'en 1960, le ski est réservé à une forme d'élite, l'arrivée du «plan Neige» marque une rupture dans la promotion des voyages aux sports d'hiver. Les collectivités locales prennent le relais sur la communication, changeant radicalement l'image des stations de ski. La montagne s'ouvre à tous, par le biais des canaux traditionnels, mais aussi de la radio et de la télévision. C'est le début du tourisme de masse. Les supports publicitaires montrent désormais des foules joyeuses, des files d'attente interminables aux remontées mécaniques, des chalets confortables, des grandes tablées : c'est le début du «tout ski». Parallèlement, les stations de troisième génération comme Courchevel, les Arcs ou la Plagne voient le jour, vantant la modernité de leurs installations et les séjours tout compris. Sur les affiches, l'illustration est petit à petit remplacée par la photographie. À l'image de l'Alpe d'Huez, autoproclamée «L'Île au soleil», les stations deviennent leurs propres marques et se dotent de slogans, de logos et de produits dérivés (badges, pin's, écussons, porte-clés, autocollants), dans le but de créer une identité et d'encourager le sentiment d'appartenance des skieurs.

1980 – 2000 : L'ÈRE DE L'AUDACE ET LE DÉVELOPPEMENT DU «BRANDING»

La mouvance s'accentue et se professionnalise entre les années 1980 et 2000. L'ère est à l'audace, les campagnes de publicité misent sur des couleurs fluo, des images de freestyle, des formes abstraites, des typographies décalées. L'objectif? Se démarquer. «À ce moment-là, tout est basé sur la culture "free" et le quantitatif. Il faut mettre en avant la taille du domaine, le nombre de kilomètres de pistes, d'enneigeurs... Les stations veulent se relier pour former "le plus grand domaine", "le plus haut domaine", etc.», se souvient Sébastien Mérignargues. Les goodies aussi évoluent : les stations ouvrent des boutiques de

Avec l'apparition de la presse magazine et des images en couleur, la promotion du ski passe de l'évocation picturale à la mise en scène de la réalité.

Si les sourires épanouis sont la meilleure publicité pour les destinations de sport d'hiver, il faut aussi rappeler que la presse people, au fil des époques, a largement joué sur l'image des vacances des vedettes et des familles royales à la neige. La désirabilité d'un domaine tient aussi à son glamour…

« LA MONTAGNE S'OUVRE À TOUS, PAR LE BIAIS DES CANAUX TRADITIONNELS, MAIS AUSSI DE LA RADIO ET DE LA TÉLÉVISION. C'EST LE DÉBUT DU TOURISME DE MASSE. LES SUPPORTS PUBLICITAIRES MONTRENT DÉSORMAIS DES FOULES JOYEUSES, DES FILES D'ATTENTE INTERMINABLES AUX REMONTÉES MÉCANIQUES, DES CHALETS CONFORTABLES, DES GRANDES TABLÉES : C'EST LE DÉBUT DU "TOUT SKI". »

#FREERIDE #PEUF #MONTAGNE #RIDE #SENSATIONS

« LA MOUVANCE S'ACCENTUE ET SE PROFESSIONNALISE ENTRE LES ANNÉES 1980 ET 2000. L'ÈRE EST À L'AUDACE, LES CAMPAGNES DE PUBLICITÉ MISENT SUR DES COULEURS FLUO, DES IMAGES DE FREESTYLE, DES FORMES ABSTRAITES, DES TYPOGRAPHIES DÉCALÉES. L'OBJECTIF ? SE DÉMARQUER. »

Les campagnes de promotion du ski se féminisent via des organismes collectifs créés par les grands acteurs de la neige, comme ici France Montagnes.

À l'image de l'émergence du freeride et du freestyle, le ski a modernisé son image au tournant des années 2000, avec plus récemment, ces spots dédiés aux réseaux sociaux.

produits dérivés, des vêtements aux mugs, en passant par les peluches. Initialement pensés pour la promotion, ces objets deviennent une source de revenus pour les destinations touristiques.

2000 À AUJOURD'HUI : RÉVOLUTION NUMÉRIQUE ET RETOUR AUX SOURCES

La popularisation d'internet révolutionne la communication des stations de ski, qui se tournent aussi vers l'étranger. Les sites internet, les campagnes d'e-mailing, les réseaux sociaux remplacent petit à petit les affiches et les spots TV. Dès 2019, Flaine mise sur l'influence des réseaux sociaux en se dotant d'un hashtag géant pour que les skieurs se prennent en photo devant le mont Blanc et le postent sur internet. En même temps, grâce à l'étude de la data, la connaissance client s'affine, les offres et le ciblage se personnalisent. Après le « tout ski », les contenus publicitaires se diversifient, mettant en avant des offres multiservices, intégrant des notions d'après-ski, de gastronomie, de culture et de bien-être. Les femmes identifiées comme prescriptrices des séjours en montagne sont visées, notamment à travers la campagne de France Montagnes : « Bienfaits pour vous ! » Puis, la crise sanitaire du Covid et le réchauffement climatique accélèrent la quête d'authenticité, de grands espaces et d'une pratique de la montagne à l'année, dépassant le cadre du ski pur. Les influenceurs apparaissent et sont invités par les stations pour les faire rayonner à l'international, notamment auprès des jeunes. Les stations mettent également en avant leurs paysages naturels et leurs actions écoresponsables pour attirer des visiteurs.

ET DEMAIN ?

La nouvelle feuille de route de France Montagnes, lancée durant l'été 2025, s'adresse aux jeunes (18-35 ans) non affinitaires avec la montagne. « L'objectif est de les convertir, aussi bien l'hiver que l'été, pour renouveler les générations de vacanciers à la montagne », souligne Michaël Bayart, directeur adjoint du collectif. À l'heure où la montagne peut être perçue comme dangereuse (avalanches, accidents) ou victime du dérèglement climatique (manque de neige), l'institution planche sur un pôle dédié à la communication positive, valorisant les actions écoresponsables et pédagogiques mises en place en montagne. Pour Sébastien Mérignargues, « l'avenir est à la communication à l'année et à la personnalisation des séjours. Grâce à l'optimisation des datas, nous aimerions arriver à proposer à chaque personne un produit unique qui lui correspond ». La montagne n'a donc pas fini de faire parler d'elle !

MÉRIBEL
Le Bois des Ours

LIVRAISON 1ER TRIMESTRE 2026
Quartier du Rond-Point des Pistes
Résidence de prestige
Skis aux pieds
Espace bien-être
Dernières opportunités
4 et 5 pièces

LE BETTEX
Naos

LIVRAISON IMMÉDIATE
Dernier village sur la route des stations des Menuires et de Val Thorens
Entrée indépendante pour chaque logement
Dernières opportunités
4 pièces

SAMOËNS
Sinaya

NOUVELLE RÉSIDENCE
À l'orée des jardins de la Jaÿsinia
Centre du village à quelque pas
Vue panoramique pour tous les appartements
Du studio au 5 pièces

FÉVRIER, LE MOIS PAS COMME LES AUTRES

Ces quatre semaines correspondant aux vacances scolaires du calendrier français sont bien connues des hommes et des femmes qui travaillent sur les domaines skiables. C'est le pic de la saison, le moment où la plupart des stations jouent leur hiver, ce moment où il faut faire face au flux massif de skieurs, tenir le rythme, et parfois garder patience… Alors, attendues ou redoutées ? Comment sont vécues ces fameuses semaines des vacances de février par « ceux qui bossent » sur les pistes ?

TEXTE
NOLWENN PATRIGEON

Encore une belle journée en altitude avec une mer de nuages mais il faut intervenir sur le métal givré du téléphérique de la Grande Motte. Un métier pas comme les autres…

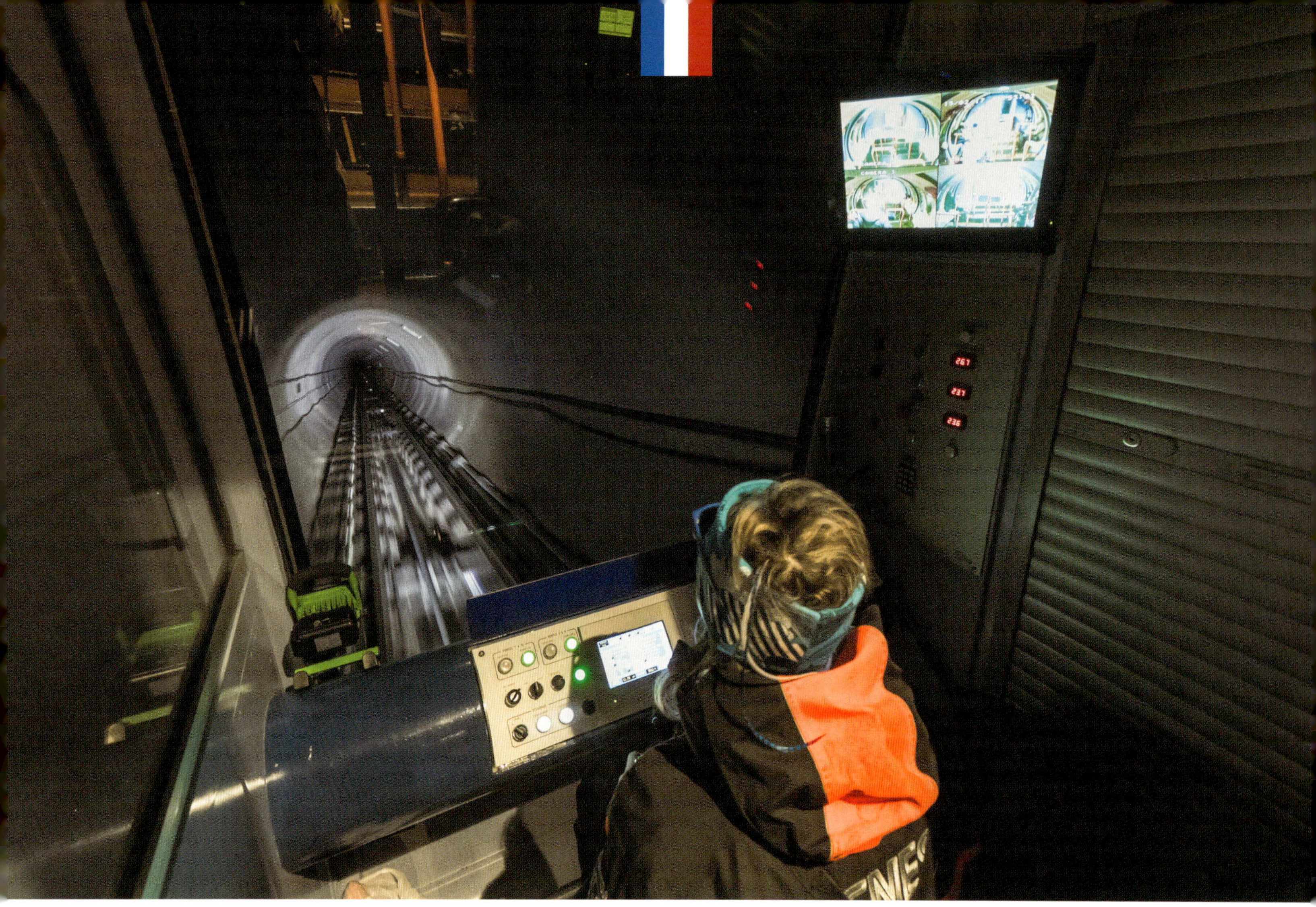

Travailler en montagne mais dans un tunnel, le paradoxe d'un conducteur du funiculaire de Val d'Isère.

Vues du terrain, les vacances d'hiver arrivent alors que la saison de ski a déjà bien débuté : Noël est perçu comme un avant-goût et janvier un long échauffement, mais en altitude, c'est bien février que tout le monde a en ligne de mire. La météo est scrutée à la loupe, les zones sont étudiées et commentées : cette année les « Parisiens » sont au milieu et les « Lyonnais » à la fin ? C'est mieux ou moins bien, on n'en sait rien... ce que l'on sait, c'est qu'il y aura du monde, beaucoup de familles, de la file d'attente aux caisses et sur les remontées mécaniques, des cours d'écoles de ski et des jardins d'enfants remplis, forcément quelques incidents sur les pistes et on l'espère, pas d'accident grave. Alors, avant que les pistes soient prises d'assaut, le ballet se met en place et tout le monde anticipe au maximum. Les plannings sont élaborés, les écoles de ski et les pisteurs appellent du renfort, et notamment des retraités, comme à Combloux où « on a beaucoup de chance, il y a toujours des passionnés qui ont plaisir à nous rejoindre pour travailler pendant ces quatre semaines », témoigne Marianne Dachaux, responsable du service des pistes des Portes du Mont-Blanc. De leur côté, les dameurs font les « gros travaux » avant l'arrivée des vacanciers : « On étale bien la neige artificielle, on prépare les jardins d'enfants pour être prêts pour le jour J », explique Raphaël Izard, chef d'équipe des dameurs du domaine de Font-Romeu Pyrénées 2000. Dans les stations, c'est donc un peu « le calme avant la tempête » qui, pour les personnes de terrain, « n'est pas ressenti comme du stress, mais plutôt comme une sorte d'excitation ».

Vue de leur maison, la vie de famille de ces travailleurs est aussi chamboulée : ainsi, placards, frigos et congélateurs sont remplis à ras bord chez les plus organisés ; même les rendez-vous chez le médecin, dentiste ou autre garagiste ont eu lieu en amont. Le casse-tête de la garde d'enfant doit être résolu : nounous partagées, filles au pair ou garderie (comment ça, vous êtes fermés le dimanche !?). La cote des grands-parents prend alors une valeur inestimable, et ceux qui ont la chance de les avoir à côté et disponibles réalisent leur chance. Les couples réajustent leur rythme : « J'ai une femme extraordinaire » ou « Mon mari prend des congés... » sont des phrases prononcées par ces professionnels reconnaissants. Le plus difficile étant lorsque les deux conjoints travaillent sur les pistes... « On serre les dents », avouent certains.

"WORK, WORK, WORK, WORK, WORK, WORK"

Le conducteur de dameuse travaille hors des horaires d'ouverture du domaine skiable, un décalage temporaire, mais qui permet de vraiment vivre ces pistes comme les skieurs qui en profitent une fois le boulot bien réalisé.

Même les instituteurs des villages de montagne notent de la fatigue chez les plus petits à la fin de ces semaines si particulières. «C'est vrai que l'on met tout le reste sur pause, on ne sort plus, on ne voit pas un film en entier parce que l'on s'endort avant, et on écoute à peine les informations...» avoue un moniteur.

LE SENS DU SERVICE... ET DE LA PATIENCE

Il faut dire que tout le monde sur le terrain se donne à 100 % et fait preuve d'une envie sincère de montrer le plus beau visage de sa destination. Une motivation et une marque de respect aussi, comme le dit Raphaël, le dameur : «On sait que les gens paient cher pour venir skier en famille, donc il faut que tout soit nickel.» Les agents des remontées mécaniques tentent d'être à la fois vigilants et bienveillants avec la clientèle. Comme l'explique Guillaume Morel aux Portes du Mont-Blanc «On a seulement quelques secondes pour créer un contact avec les skieurs qui passent. Parfois, il faut savoir les déstresser, expliquer, et à l'inverse, parfois, être ferme pour assurer leur sécurité et le bon fonctionnement de l'installation. Et puis, il y a aussi les gens qui reviennent d'une année sur l'autre, qui nous saluent, ça fait plaisir... Et enfin, ceux que l'on a pu aider, par exemple en appelant les secours pour un de leur proche ou en leur rendant leur téléphone ou un autre objet de valeur qu'ils avaient perdu... Ils sont reconnaissants, c'est plaisant.» Les journées défilent dans l'effervescence, mais «c'est ça aussi qu'on aime, quand il y a du monde, que cela enchaîne» et puis «entre collègues et entre les différents métiers, c'est une chaîne, on se soutient», expliquent les différents professionnels. Le rythme est très intense, comme l'explique Claire Zynga, hôtesse de caisse en renfort à Serre Chevalier : «Les matins, c'est tellement le rush qu'on se relaie quand on doit aller aux toilettes, raconte la jeune femme, et quand il y a un bug informatique ou une remontée en panne par exemple, nous avons les clients en face à face, et là, cela peut être un plus stressant.

« LES JOURNÉES DÉFILENT DANS L'EFFERVESCENCE, MAIS "C'EST ÇA AUSSI QU'ON AIME, QUAND IL Y A DU MONDE, QUE CELA ENCHAÎNE" ET PUIS "ENTRE COLLÈGUES ET ENTRE LES DIFFÉRENTS MÉTIERS, C'EST UNE CHAÎNE, ON SE SOUTIENT", EXPLIQUENT LES DIFFÉRENTS PROFESSIONNELS. »

Mais on essaie par quelques mots de les faire relativiser, avec un peu d'humour parfois, on leur rappelle qu'ils sont en vacances...»
À l'inverse, les équipes de dameurs qui travaillent la nuit ne voient pas le monde : «Nous n'avons pas la pression qu'il peut y avoir en caisse ou sur les remontées mécaniques», explique Raphaël Izard. «Quand bien même, février est plus chargé, car plus il y a du monde et plus les pistes s'usent – un skieur déplace une tonne de neige par jour –, plus on passe de temps dessus à les préparer à nouveau.» Une fois l'équipe briefée et les pistes fermées, le damage a lieu jusqu'à 1 h ou 3 h du matin selon les conditions... Quand il neige, les dameurs s'arrêtent à 21 h pour reprendre entre 3 h et 5 h du matin jusqu'à l'ouverture. Un travail de l'ombre, qui est moins solitaire qu'il n'y paraît : «On a les radios dans les machines, on échange et puis on fait un point à la pause du dîner; on travaille seul dans sa machine, mais on est en équipe. Si l'un d'entre nous a pris du retard sur son sec-

L'accueil aux remontées, longtemps peu pris en compte, est devenu un enjeu majeur pour tous les employés des domaines skiables.

TIGNES

teur, un autre vient l'aider... Tout le monde rentre à la même heure et 100 % du domaine est damé tous les soirs», raconte le Pyrénéen.
Du côté des pisteurs-secouristes, la patience est parfois mise à rude épreuve pendant les semaines les plus chargées. S'ils sont préparés aux montées d'adrénaline liées à la gestion des accidents et des avalanches, leur métier-passion compte aussi beaucoup d'autres facettes, dont celle de la prévention. «On voit de plus en plus de personnes qui sont dans leur bulle : qui skient avec la musique dans les oreilles, en regardant leur caméra au bout du bâton, ou qui enregistrent leur vitesse sur des applications et tentent de battre leur record sur des pistes bleues... Il faut beaucoup d'énergie et de patience pour leur faire comprendre que c'est dangereux!» explique Brice Gaget, pisteur-secouriste et chef adjoint du massif de la Grande Motte à Tignes.

CES MOMENTS SUSPENDUS

Et puis, dans cette course effrénée, il y a ces moments qui font immédiatement oublier ces petits tracas : «les couchers de soleil extraordinaires» auxquels assiste Raphaël depuis sa dameuse à Font-Romeu, «les premiers virages dans la neige fraîche face au mont Blanc» que trace Guillaume pour aller ouvrir la ligne de son téléski au petit matin, les cris de joies des apprentis skieurs, «les sourires et les mercis» des personnes qui ont été aidées ou secourues (Marianne est même partie en vacances chez l'une des familles rencontrées sur un secours)... Tous ont exprimé «un parfum de liberté qui n'a pas de prix», «le sentiment profond d'être au bon endroit» et de «partager le plus beau des bureaux».

FEBRUARY BLUES?

Les quatre semaines s'enchaînent et avant qu'on ne le réalise, le pic est passé dans la plupart des stations françaises : les vacanciers attrapent leur dernière perche, font leurs derniers virages et empochent leur dernière étoile. Alors, c'est une petite mélancolie qui s'installe sur les domaines... On regretterait presque ce gamin insupportable qui zigzaguait sur le téléski! Mars est arrivé, les renforts sont partis, tout paraît si calme : «C'est presque là le plus dur physiquement et moralement, on se relâche alors que la saison est loin d'être finie!» avoue Marianne aux Portes du Mont-Blanc. Mais la vie reprend vite le dessus : on a enfin le temps de ranger la maison, d'être à l'heure à la garderie, voire de prendre un peu de temps pour glisser un peu pour soi aussi face à ces montagnes que l'on aime tant. Dans certaines grandes stations de haute altitude, la saison est plus longue et la fréquentation ne faiblit pas : «Ici c'est un peu février tout l'hiver, mais on est là pour ça!» explique Brice Gaget en souriant.

Durant le mois de février, l'intensité est à son comble pour tous les corps de métier des domaines, avec des tâches plus extrêmes pour certains, et plus émotionnelles pour d'autres, à l'image des pisteurs prenant en charge un blessé en souffrance.

ÉCONOMIE

LE PARCOURS CLIENT EN STATION, ET EN QUESTION !

C'est bien connu, tout se passe en ligne aujourd'hui. Tout s'est dématérialisé dans le secteur du tourisme jusqu'à bientôt ne plus avoir à se déplacer sur place grâce à un casque de réalité virtuelle, au nom d'un tourisme écoresponsable. Dans la réalité, à l'exception des clubs intégrant de fait l'ensemble des besoins nécessaires à votre séjour, le parcours client en station de ski, en amont et lors du séjour, ressemble encore trop souvent à un «en même temps» pas aussi pratique qu'espéré...

TEXTE **LAURENT BELLUARD**

Comme partout, il existe des offres bien mieux intégrées que d'autres, plus fluides et facilitantes, mais avant tout, de quoi parle-t-on réellement? Lorsqu'on réserve un séjour (à la dernière minute ou un an à l'avance), on pense avant tout à un hébergement, le cocon où la famille va passer du temps ensemble, si possible confortablement. Lors des vacances d'hiver bien plus qu'en été, les prestations offertes – qu'il s'agisse d'un hôtel, un appartement en résidence hôtelière ou indépendant – prennent une importance toute particulière du fait de la rudesse des conditions extérieures : la nuit tombe tôt, le froid mordant n'incite pas à la balade. Bref, après le ski, tout le monde à la maison... Ce choix crucial effectué, il s'agit encore de réserver les cours de ski, le matériel ainsi que les incontournables forfaits. Si ce dernier point reste toujours disponible, ce n'est pas toujours le cas des cours de ski ou du matériel (pour peu que l'on ait des exigences). Mais surtout, pourquoi ne peut-on pas toujours effectuer ces démarches à un guichet unique? C'est toute la promesse de la numérisation d'un parcours client fluide et facilitateur, pas si simple à réaliser lorsqu'on doit agglomérer sur une seule facture des prestations offertes par des entités indépendantes.

PAROLES, PAROLES, PAROLES...

Laurent Vanat, expert international en stations de ski, challenge cette promesse de «tout en un» comme une «tarte à la crème», manière provocante de souligner que presque vingt ans après avoir initié cette promesse, le secteur du tou-

risme hivernal n'est pas toujours au rendez-vous. Et d'insister en étudiant non pas les petits acteurs, mais les 50 plus grands domaines skiables au monde, ceux réalisant plus d'un million de journées-skieurs. Les mastodontes du ski, la fine fleur située principalement en France, en Autriche, en Italie, en Suisse, aux États-Unis et au Canada. Sur ce panel international des champions du ski, l'expert suisse affirme que seuls 18 % de ces destinations offrent un guichet unique, et de détailler : moins de 80 % pour les forfaits de ski, 70 % pour les hébergements, 5 % pour le transfert depuis un aéroport, 30 % pour la location de skis – pareil pour les cours de ski – et 25 % pour les activités de loisirs annexes. Et entre ces différents pays, on trouve de bons exemples comme de mauvais. Il n'y a pas un mal français et de bonnes pratiques ailleurs, juste des destinations en avance dans l'intégration d'un guichet unique dans le parcours client. Étonnamment, ce que ne fait pas l'office de tourisme peut exister chez un autre acteur. Preuve qu'il n'existe pas de frein rédhibitoire, si ce n'est la volonté compréhensible de chacun de s'occuper de son précarré (voire de le défendre !), selon l'adage ancestral voulant que « ça a toujours marché comme ça ». À noter que les stations balnéaires sont encore moins impliquées dans cette volonté d'offrir un panier unique, certaines se contentant de présenter les hébergeurs, vous laissant face à votre téléphone, même si les vacances à la mer n'imposent pas tout à fait les mêmes contraintes en termes d'obligations (forfaits, matériel, météo).

DES RAISONS DE S'ENTHOUSIASMER

À l'heure où la Compagnie des Alpes (Val d'Isère, La Plagne, Les Arcs, Serre Chevalier, etc.), via son agence de voyages Travelski, lance la saison prochaine un service de trains de nuit entre Paris et Bourg-Saint-Maurice, on ne peut pas dire non plus que rien ne se passe dans le ski. Pas besoin de s'enflammer non plus sur ce galop d'essai, puisque la ligne n'effectuera que 14 rotations pendant l'hiver 2025-2026, avec un potentiel de 660 voyageurs. Pas encore de quoi changer la donne, mais si l'initiative trouve son public, rien ne l'empêchera

d'augmenter la cadence. Quelles autres destinations touristiques proposent une telle offre? Clin d'œil de l'Histoire, le tourisme blanc doit énormément à la compagnie de chemin de fer PLM (Paris-Lyon-Marseille) qui, en son temps, a promu les destinations touristiques afin de remplir ses trains, au même titre que Michelin a lancé ses cartes routières, ses guides vert et rouge, afin d'inciter les automobilistes à user leurs pneus. Juste retour des choses!

Dans les bonnes pratiques, on peut noter les offres pour les séjours «Dernières Traces» à Val d'Isère, à la fois intéressantes financièrement et parfaitement intégrées, avec des packages à –40 % sur des séjours de 2 à 8 nuits, en appartements ou hôtels. Sont inclus, mais en option, les cours de ski, le matériel, toujours à –40 %, et en prime, un accès gratuit à la piscine ainsi que des offres spéciales dans les restaurants et les bars de la station. Le tout, accessible en un clic. Faciliter le parcours client, c'est aussi l'inciter à consommer en lui simplifiant la vie. Le Club Med, qui avait intégré toutes les prestations et même dématérialisé l'argent avec son collier-bar, a montré la voie avant internet. À la digitalisation d'offrir les mêmes facilités en regroupant les acteurs non pas sur un portail unique, mais sur une offre à choix multiples... avec un seul paiement.

L'EXEMPLE À SUIVRE?

Parmi les rares plateformes efficaces aujourd'hui, on peut noter «Mon séjour en montagne», plateforme des ESF commercialisant des séjours partout en montagne en intégrant à peu près toutes les composantes du séjour. Si elle est disponible à tous en marque blanche, elle reste assez peu utilisée par les destinations, probablement car il est toujours difficile de renoncer à un petit pourcentage sur le prix d'un séjour. Il n'empêche que grâce à «Mon séjour en montagne», l'Alpe d'Huez est l'une des rares stations françaises à offrir un service numérique global, le fameux «one stop shopping», avec Val Thorens et Serre Chevalier qui, elles, y parviennent différemment. Cette place de marché permet par ailleurs aux ESF d'anticiper bien en amont l'affluence dans les écoles de ski puisque 50 % de leur chiffre d'affaires est désormais réalisé en ligne, dès l'automne. Alors que les acteurs du tourisme se grattent la tête pour juger de l'efficience de leurs actions de promotion sur les différents publics – sachant que faire venir un touriste français coûte beaucoup moins cher qu'un autre venu d'un marché lointain –, il serait peut-être temps de simplifier la vie du vacancier hexagonal en adoptant ce guichet unique. À la manière d'une coopérative qui regroupe en un point une multitude d'acteurs locaux invisibles sans ce regroupement, ou d'un Amazon qui, à l'opposé de cette échelle de valeurs, offre la promesse de tout vendre et de vous le livrer chez vous. En d'autres mots, vivement l'an 2000! ▮

© Lionel Royet
alpe*huez
AEON
AEON PASS
Alpe d'Huez / Les 2 Alpes / La Grave
PASS, 3 DOMAINES
Skiez à 42€ tous les samedis à l'Alpe d'Huez et aux 2 Alpes
3 domaines, un abonnement unique
Profitez de remises et offres exclusives
Accès direct aux pistes, pas de passage en caisse
AEON PASS
3 DOMAINES
alpe*huez
les2alpes
la Grave
flexipass-aeon.com

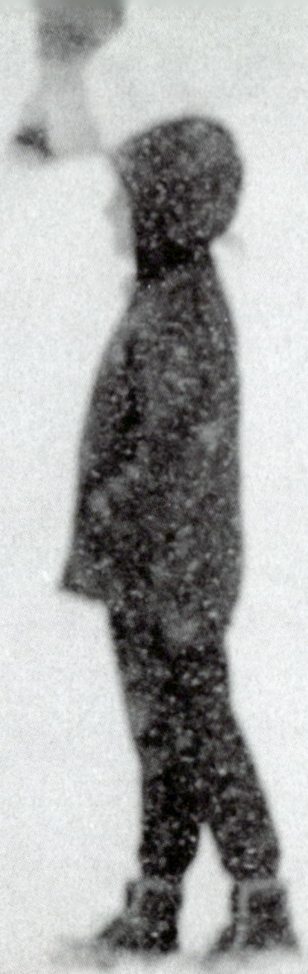

TRANSMISSION

LE MYTHE DU MONITEUR DE SKI

Figure emblématique des vacances à la neige, le moniteur de ski représente un véritable fantasme dans l'imaginaire collectif. Jeune, sportif, bronzé, le sourire éclatant, il est le roi de la piste, forcément. Un peu frimeur, un peu dragueur, il connaît tout le monde sur la station et tout le monde le connaît aussi. Il a ses entrées, ne fait pas la queue aux remontées, amuse les vacanciers qu'il aide à progresser. Et surtout, il exerce son activité dans « le plus beau bureau du monde ». Bref, pour qui aime le grand air et les sports d'hiver, le professeur de ski mène sans conteste la vie de rêve. Mais qu'en est-il vraiment ? Et comment devient-on moniteur ?

TEXTE
FANNY CASPAR

Les moniteurs ont accompagné et formé des générations de skieurs avec des techniques qui ont évolué en fonction de l'état des pistes et des progrès du matériel. Ici, des cours de ski à La Plagne.

Si les «patins suédois» ont été découverts par Henri Duhamel dès 1878, lors de l'Exposition universelle de Paris, la pratique du ski en tant que sport de loisir et activité touristique n'a commencé à se développer en France de façon significative qu'à partir des années 1920. Bien après la fondation à Grenoble, en 1896, du premier club de ski, le Ski Club des Alpes.

C'est finalement en 1937 que le premier ministre des Sports, Léo Lagrange, nationalise l'École française de ski dont Émile Allais, champion du monde, devient à la fois le moniteur n° 1 et le directeur technique, constituant la base de l'organisation de l'enseignement du ski en France. Après-guerre, en 1945, sont fondés à la fois l'ENSA (École nationale de ski et d'alpinisme) qui forme moniteurs et guides, et le SNMSF (Syndicat national des moniteurs du ski français) qui organise la profession et regroupe tous les professeurs de ski du pays sous l'enseigne ESF (École du ski français). Et ça n'a guère changé depuis.

LA PISTE AUX ÉTOILES

Du haut de ses 103 ans cette année, Olga Chappaz, doyenne des moniteurs de ski français, incarne parfaitement l'épopée. Née à Chamonix en 1922, elle débute la formation de monitrice de ski en 1945, l'année de la création de l'ENSA, et la termine en 1951, après un passage par l'équipe de France. Refusée à l'ESF de Chamonix (parce qu'elle est une femme), elle part enseigner à l'Alpe d'Huez, puis au sein du Club Med, à Leysin, en Suisse. Peu après son retour, en 1970, elle fonde le centre ESF de l'Alpette à Argentières, dont elle devient directrice (probablement la première femme à occuper un tel poste). Sa passion, c'est d'enseigner le ski aux enfants; mais, attristée de voir que les skieurs ayant raté leur première étoile quittent la station sans aucune récompense, elle propose la création du flocon. Une vraie révolution, guidée par l'idée de récompenser les efforts des vacanciers venus au ski. Aujourd'hui, aucun skieur en herbe ne saurait quitter les cours collectifs sans sa décoration. Aux trois premières étoiles et au flocon se sont ajoutées d'autres médailles, y compris celle de consolation, chacune couronnant la réussite d'une belle semaine au ski, quels que soient son âge et son niveau. Le symbole est si fort que toutes les écoles de ski parallèles ont également développé leur système d'évolution et d'insignes associés. L'ultime récompense étant

Si le ski a explosé dans la seconde moitié du xxe siècle, il était déjà enseigné bien avant, comme ci-dessus à Superbagnières en 1939, ou cette sortie scolaire à Chamonix, en 1910, à une époque où le ski rime encore avec nordique.

« C'EST FINALEMENT EN 1937 QUE LE PREMIER MINISTRE DES SPORTS, LÉO LAGRANGE, NATIONALISE L'ÉCOLE FRANÇAISE DE SKI DONT ÉMILE ALLAIS, CHAMPION DU MONDE, DEVIENT À LA FOIS LE MONITEUR N° 1 ET LE DIRECTEUR TECHNIQUE, CONSTITUANT LA BASE DE L'ORGANISATION DE L'ENSEIGNEMENT DU SKI EN FRANCE. »

Émile Allais, le premier moniteur de ski des ESF, lui qui a écrit la première méthode d'apprentissage.

On envoie des cartes postales depuis son lieu de villégiature avec le prestige d'entourer les moniteurs que l'on connaît, signe de l'importance et de la connexion de la corporation avec sa clientèle. Ici à Valloire.

« TOUTES STRUCTURES CONFONDUES, LA FRANCE COMPTE PRÈS DE 20 000 HOMMES ET FEMMES PASSIONNÉS QUI ENSEIGNENT DURANT L'HIVER. CERTAINS DURANT TOUTE LA SAISON, D'AUTRES QUELQUES SEMAINES UNIQUEMENT LORSQUE LES CLASSES SONT BONDÉES, NOTAMMENT LORS DES VACANCES SCOLAIRES. »

peut-être la médaille du moniteur, numérotée, délivrée après obtention du diplôme, que certains portent encore fièrement sur leur cœur.

LE PLANTÉ D'BÂTON, MONSIEUR DUSSE!

L'ENSA reste, depuis sa fondation, le passage obligé en France pour qui souhaite devenir moniteur de ski. Quelque 525 heures de formation, réparties sur 10 unités de formation (UF), 15 semaines et 2 stages de 25 jours minimum en centre de formation, sont nécessaires pour obtenir son diplôme d'État. Il faut en moyenne sept ans pour devenir moniteur (les plus rapides atteignent le Graal en trois ans, quand d'autres auront besoin d'une décennie), le tout pour un coût de 8221 euros en 2025, frais pédagogiques inclus, à condition de valider chaque stage du premier coup. Une fois le diplôme en poche, il devient possible d'encadrer contre rémunération la pratique du ski et ses activités associées (snowboard et randonnées en raquettes à neige notamment), sur et en dehors des pistes sécurisées (hors domaine glaciaire ou alpinisme), au sein d'une école, d'un organisme de séjours sportifs ou de manière indépendante.
Derrière la décontraction apparente du métier se cachent une formation longue et coûteuse et une profession très réglementée. Chaque année, environ 3500 stagiaires suivent le cursus et 350 en moyenne décrochent l'examen final. Les places de moniteurs permanents en école de ski sont rares. Les stagiaires subissent des retenues importantes en échange de leur formation sur le terrain (pourcentage sur le tarif horaire), et un nombre d'heures de cours limité. Il faut des années et tout autant de spécialités (langues étrangères et pratiques variées) pour gravir les échelons du «tableau» et obtenir le statut de permanent, garant d'une saison complète. Voilà peut-être ce qui explique le sourire indélébile des bienheureux détenteurs du précieux sésame?

UN MÉTIER DE RÊVE

Toutes structures confondues, la France compte près de 20000 hommes et femmes passionnés qui enseignent durant l'hiver. Certains durant toute la saison, d'autres quelques semaines uniquement lorsque les classes sont bondées, notamment lors des vacances scolaires. Chacun y trouve son compte, de l'étudiant qui remplit ainsi sa bourse, aux indépendants qui complètent leur activité, en passant par les agriculteurs qui assurent leurs revenus hivernaux, ou bien encore les salariés et retraités qui arrondissent leurs fins de mois. Du gagnant-gagnant, en particulier les jours de beaux temps. Force est de constater que le métier reste agréable à pratiquer. Exercer son activité dans un cadre fabuleux, en plein air, transmettre sa passion à des vacanciers volontaires (enfin à quelques exceptions près...), c'est vraiment valorisant. Encore plus en cas de gros progrès ou de témoignages marquants. Par exemple, ce message d'Éva qui remercie la monitrice de sa fille Élona, très anxieuse à l'idée de reprendre le ski après deux ans d'interruption de la pratique et une opération suite à une grosse chute... en ski : «Notre fille a retrouvé une grande confiance en elle, vous avez été magique tout au long du cours. Elle avait plein de choses à nous raconter et était très contente de tout ce qu'elle a appris avec vous. Cela nous a beaucoup touchés de la revoir heureuse sur ses skis.»
Rappelons qu'il n'est pas nécessaire d'être né sur place pour faire sa place. Si un bagage technique s'impose, ainsi qu'une bonne dose de volonté, d'entraînement et de ténacité, les moniteurs viennent aujourd'hui d'horizons variés. Il est bien loin le temps où le nouvel arrivant dans l'école de ski se faisait apostropher d'un : «T'es le fils à qui toi? T'es né où?»

LE PULL ROUGE

Symbole de la profession, même s'il n'est pas porté par tous, le pull rouge fait partie intégrante du mythe. Jusqu'en 1958, fuseaux et pull-overs bleu marine à bande tricolore étaient de mise. Mais cette année-là, pour les besoins d'un film, le fabricant Montant réalise cinq pulls dans un flamboyant rouge écarlate pour illustrer le virage Christiana léger (le célèbre virage des moniteurs). «Voilà ce qu'il nous faut! Il faut que tous les moniteurs soient habillés comme ça», s'enflamme le fondateur et premier président du syndicat, Gaston Cathiard. Dès l'année suivante, le pull rouge devient donc le symbole de reconnaissance des moniteurs de l'ESF, porté encore aujourd'hui (souvent en matières techniques et po-

Équivoque carte postale sur l'image de marque des moniteurs : un délice.

laires). Le rouge est désormais la couleur officielle du Syndicat, veste et pantalon compris. Ainsi, les moniteurs ESF se distinguent-ils des autres écoles de ski ou des indépendants, faisant perdurer un emblème qui a marqué son temps

LE REVERS DE LA MÉDAILLE

Souvent merveilleuse, la profession n'en est pas moins exigeante, et parfois difficile. Avant toute chose, le moniteur doit assurer la sécurité de ses élèves en toute condition. En hors-piste, mais aussi sur les pistes et, ce que l'on sait moins, sur les remontées mécaniques. En cas de chute ou de blessure, c'est à lui de faire le nécessaire pour sécuriser la situation, alerter les secours, éviter le suraccident, gérer le groupe, entamer les recherches de victimes en avalanche le cas échéant. Malgré la décontraction affichée, la vigilance est l'affaire de chaque instant. Le choix des pistes et itinéraires s'avère lui aussi crucial puisqu'il doit permettre aux élèves d'évoluer en toute sérénité. Le métier a beaucoup changé depuis ses débuts. La sécurité est plus difficile à assurer avec des pistes toujours plus lisses, une neige toujours plus dure, du matériel plus performant et des skieurs toujours plus rapides. Et surtout, un respect des règles de sécurité qui s'effrite. Autres changements : le rapport au temps et le besoin de rendement. Aujourd'hui, les vacanciers sont pressés et exigeants. Il leur faut tout, tout de suite. La bonne neige, le beau temps. La rentabilité maximum de la journée, pas de files d'attente. Des progrès immédiats, une médaille en fin de semaine pour les enfants, ce qui peut générer une bonne dose de stress, et tout autant de déception et de mauvaise humeur, que le moniteur doit savoir gérer, à défaut de les calmer... En outre, pour assumer son rôle et pouvoir enseigner sept jours sur sept, sept à huit heures par jour, souvent sans déjeuner, parfois sous la pluie toute la journée, le moniteur se doit de se maintenir en excellente condition physique et en bonne santé. Pas de place à l'indolence. Enfin, l'aspect financier peut rendre les choses complexes et pas toujours très agréables. Malgré un bon tarif horaire, les charges sont nombreuses et ne cessent d'augmenter, alors que les avantages, eux, disparaissent peu à peu. Il faut alors pouvoir enseigner suffisamment pour couvrir ses frais et surtout pouvoir se loger dans des stations dont les propriétaires fonciers préfèrent désormais les plateformes de location aux travailleurs saisonniers.

LE PLAISIR, ÇA S'APPREND

Slogan historique des ESF, la petite phrase teintée d'ironie était pleine de justesse. Excepté les grands champions, rares sont ceux qui naissent «skis aux pieds» et peuvent se targuer d'apprendre seuls la technique du ski. Si, dès les premières glissades, le plaisir est bel et bien présent, le moniteur permet d'acquérir rapidement le bon geste, le bon équilibre. Son rôle est crucial dans l'apprentissage de la technique et, bien au-delà, dans le ressenti de l'expérience vécue. Le bon professeur doit avant tout savoir partager sa flamme et offrir à son élève un moment unique et mémorable qui lui laissera un souvenir impérissable. Ainsi, Pauline se souvient très bien de ses vacances de février à Courchevel, durant lesquelles elle a appris le saut à ski : « C'était au cours de compétition, avec Jean Chalon. Le matin, on faisait de la technique et du piquet, l'après-midi du saut à ski. Pas évident de se lancer la première fois, même du premier niveau, du tremplin de 25 mètres en bois. C'était vraiment impressionnant. Mais une fois l'envol pris, quel pied ! Peu importe le style, apprendre à décoller sur plus de 10 mètres de long, ça m'a donné des ailes ! »

Claire, qui skie à la Clusaz, explique de son côté : « Fanny, c'est cette monitrice pleine d'énergie, de bonne humeur, avec une vraie philosophie de la glisse et des petites phrases qui restent en tête. Grâce à elle, j'ai non seulement franchi un cap technique (carving, godille, appuis précis), mais surtout j'ai retrouvé une confiance que j'avais un peu perdue. Elle m'a appris à aimer le ski autrement. Avec légèreté, plaisir et même une touche de folie. »

SLALOM SPÉCIAL

Parce que c'est lui qui donne le ton de la leçon, le moniteur possède un rôle majeur. Il faut de l'expérience et un certain savoir-faire pour maîtriser l'art de trouver l'accord parfait entre tous les membres d'un groupe, de répondre aux attentes des uns sans frustrer les autres, de leur prouver, à la fin du cours, à quel point chacun a progressé. L'exercice devient encore plus subtil en cours particulier où le quiproquo n'est pas possible. La mésentente inenvisageable. Le moniteur doit savoir s'adapter, trouver la bonne attitude et les mots justes. Quand il y arrive, et dans certaines circonstances, il peut parfois réaliser des miracles. Au sens propre.

C'est le cas de Yohann, moniteur à Chamonix. Un jour, une jeune femme se présente à lui pour réapprendre à faire du ski, comme un ultime challenge pour sauver sa peau. Littéralement. Elle souffre d'un cancer agressif et les médecins ne lui ont donné que trois mois à vivre, mais elle se persuade alors que le ski va la sauver. « Ce que je vivais était tellement dur, j'étais si épuisée. Je ne voulais pas succomber. Je voulais rester debout. Le fait d'avoir un objectif, d'aller skier, ça changeait tout. Ça m'a permis de tenir bon », confie-t-elle. Face à la situation de son élève, la fatigue, les pertes de réflexes, de synchronisation, les nausées et maux de tête, Yohann s'adapte. Il trouve la bonne attitude. Et ça marche. Aujourd'hui, Ray va mieux, même si elle n'est pas encore tirée d'affaire. Elle précise : « Patient, compréhensif, à l'écoute, Yohan m'a considérée avant tout comme une élève qui venait pour apprendre à skier. Il m'a transmis sa passion du ski et l'envie d'y retourner, encore et encore, avec ou sans lui. J'ai réappris à me servir de mon corps, à accepter de tomber et échouer parfois. J'ai retrouvé des sensations, du répondant sur les skis, de la fluidité. Et surtout, confiance en moi et mes capacités. »

Un joli exemple du rôle incontournable que jouent les moniteurs de ski en station. Et pas seulement pendant les cours ou lors de la traditionnelle descente aux flambeaux. À la fois enseignant, guide, mentor, animateur, il est, avec la neige et la météo, l'un des piliers de vacances au ski réussies.

Le moniteur apprend la technique, rassure, mais fait également découvrir le domaine skiable et la culture locale.

EDF
Devenons l'énergie qui change tout.
CHERCHE JEUNES QUI AIMENT LES OPEN SPACES
EDF recrute des femmes
et des hommes dans votre région.
Et si c'était vous ?
edf.fr/edf-recrute
EDF / Paul VIARD-GAUDIN

ALL INCLUSIVE

LA SAGA ALPINE DU CLUB MED

L'histoire du tourisme alpin à la française et celle du Club Med sont intimement liées. Des générations entières ont appris à skier dans un Village des Alpes et dansé avec les GO sur les Crazy Signs avant la soirée spectacle. Raconter cette saga, c'est dévoiler en filigrane l'évolution des stations françaises et de leur clientèle, tant le Club Med et les Alpes entrecroisent leurs destinées.

TEXTE
LUCY PALZ

Du ski au ski nautique, le Club facilite votre séjour avec en prime, l'École du Club, dirigée par James Couttet, champion du monde de descente en 1938 à l'âge de 16 ans.

Salon-terrasse panoramique du Club du Val Clarée, à Tignes.

L'aventure montagnarde du Club Med commence pourtant hors de France, en Suisse, à Leysin. C'est dans un ancien sanatorium que le club importe en 1956 son état d'esprit libre, sportif et décomplexé, appliquant à la neige la recette « all inclusive » conviviale qui fonctionne depuis près de dix ans sur la côte méditerranéenne.

DE LA MÉDITERRANÉE AUX CIMES ENNEIGÉES

L'expansion frénétique du Club prend rapidement de l'altitude : dès l'année suivante, il s'installe à Serre Chevalier, puis en 1958 à Tignes-les-Boisses et Val d'Isère. Aux sports d'hiver, le tout-compris séduit particulièrement les vacanciers : cours de ski, forfait et matériel sont inclus, simplifiant drastiquement les corvées inhérentes à un début de séjour au ski. Pilier du Club dès ses débuts, le sport fait en effet partie intégrante de l'expérience. Dans les années 1960, les Français découvrent massivement le ski, souvent pour la première fois. C'est donc pour beaucoup une découverte qui se partage avec GM (gentils membres) et GO (gentils organisateurs), illustration de la philosophie conviviale du Club où tout le monde se mélange, se tutoie, partage des soirées sans distinction. Une forme de société idéale et égalitariste où s'effacent les différences le temps des vacances, même si le Club a toujours été fréquenté par les classes supérieures, dès les origines. Chaque soir, GO et GM reprennent ensemble les Crazy Signs, cette chorégraphie emblématique de l'ADN du Club Med, ayant traversé sans une ride les décennies. Au restaurant, les tables de huit personnes, clin d'œil au nombre de couchettes dans les trains de nuit ralliant Paris aux stations, favorisent les échanges.

LA PHILOSOPHIE CLUB MED

Client fidèle et passionné, Philippe Legrand se souvient de ce qui l'a conquis dès ses premiers séjours : «Le Club, c'était une parenthèse, une déconnexion totale avec la vie quotidienne. On était comme coupés du reste du monde, dans notre bulle. Les GO étaient les stars de notre séjour.» Xavier Le Guillermic, directeur de la stratégie montagne du Club Med, insiste d'ailleurs sur leur rôle essentiel : «Véritables socles du Club Med depuis ses débuts, les GO sont les garants de cette ambiance de bonne humeur et de partage qui a bâti notre philosophie.» L'esprit jeune, déluré, l'humour potache des soirées spectacles surfe sur la vague de liberté des années 1970. Symbole de ces années, le collier bar, qui servait à payer ses consommations en perles. C'est d'ailleurs le

La terrasse ensoleillée du Club de Val d'Isère et son agréable spa.

« SI LE SKI RESTE INTRINSÈQUEMENT LIÉ AUX VACANCES À LA NEIGE, LE CLUB SE DISTINGUE AUSSI PAR UN ART DE VIVRE, UNE EXPÉRIENCE COMPLÈTE DE LA MONTAGNE, POUR UNE VÉRITABLE DÉCOUVERTE DE LA DESTINATION. »

Le nouveau Club de Serre Chevalier, désormais complètement rénové.

La légende du Club s'est écrite autour de l'ambiance de ses villages. Aujourd'hui, l'ambiance cosy prévaut.

nom choisi par Philippe Legrand pour son site très documenté sur l'histoire du club Med. Il y raconte des anecdotes révélatrices de l'état d'esprit fantasque de l'époque : « Le chef de village de Tignes avait réussi, durant la saison 1972-1973, à déplacer les GM arrivés au petit matin dans le casernement des chasseurs alpins voisins en leur faisant croire qu'il y avait un virus au village ! » Les références aux Bronzés ne sont pas loin... Mais le Club Med est devenu entretemps un acteur incontournable du tourisme alpin. Une machine bien huilée qui doit consolider ses finances et rester visionnaire face à une concurrence qui s'organise. L'invention du mini club à Engelberg en 1960 permet d'attirer davantage de familles : pendant que les parents skient, les enfants profitent d'activités adaptées à leur âge. Un vrai plus dans la recette du succès.

UNE NOUVELLE ÈRE

Dès la fin des années 1980, une montée en gamme se dessine, prémisse de la stratégie qui définira les décennies suivantes. Il faut contrer une concurrence féroce qui s'inspire du modèle et veut sa part du gâteau en cassant les prix. À Val d'Isère, le Club Med quitte en 1987 le centre de la station pour un nouvel emplacement, plus grand, plus moderne, un peu plus haut sur les flancs des pistes. Opérationnel pour l'hiver 1989-1990, ce resort devient le fleuron du Club Med dans les Alpes françaises et le symbole d'un développement qui s'accélère. Les stations gagnent en notoriété internationale et le Club Med profite de son réseau mondial pour attirer un public nouveau. C'est cette ouverture qui permet à l'entreprise visionnaire de renforcer sa présence en montagne, en ouvrant une nouvelle page de son histoire. À partir de 2012, tout s'accélère : le Club Med construit (ou rénove) un nouveau resort en montagne chaque année, jusqu'en 2024 avec celui de Serre Chevalier. L'installation d'un village de près de 400 chambres donne un véritable coup d'accélérateur à l'économie locale d'une station. Plus que jamais, le groupe devient un acteur prépondérant du tourisme dans les Alpes françaises grâce à une clientèle fidèle.

UNE CLIENTÈLE QUI ÉVOLUE

Brésiliens, Israéliens, Asiatiques et Nord-Américains sont séduits par l'esprit Club Med. « 65 % de nos clients sont étrangers, soit le double du marché classique des stations de ski en France », souligne Xavier Le Guillermic. « À l'ouverture du village de Peisey-Vallandry, en 2005, il n'y avait presque pas de Brésiliens. Désormais, c'est le troisième pays le plus représenté dans nos destinations montagne. » Implanté depuis près de 30 ans au Brésil, le Club Med a pu surfer sur cette dynamique pour faire découvrir le lifestyle alpin aux Sud-Américains. Si le ski reste intrinsèquement lié aux vacances à la neige, le Club se distingue aussi par un art de vivre, une expérience complète de la montagne, pour une véritable découverte de la destination. « C'est aussi ce qui nous préserve de l'élasticité des réservations en fonction des périodes ou des conditions de neige, explique Xavier Le Guillermic, nos clients

réservent des mois à l'avance, et nous ne subissons pas les périodes creuses de janvier ou mars comme habituellement en station.»
Tignes, 16 h 30. Sur les terrasses du Club Med, face aux pistes, l'après-ski bat son plein, l'ambiance festive rassemble les générations. «Danser, s'amuser, c'est l'atmosphère que l'on vient chercher au Club», assure le fidèle client Philippe Legrand. Mais si les Crazy Signs et les spectacles demeurent, les shows se sont professionnalisés, avec de vraies performances de qualité, loin de l'esprit amateur et potache des années 1970. «La philosophie d'origine est toujours là, mais évolue au rythme de la société, et des attentes de notre clientèle», précise Xavier Le Guillermic. Tous les villages de montagne sont désormais labellisés premium, et Val d'Isère, rénové en 2022, est entièrement «Exclusive Collection», l'offre luxe : plus intimiste, avec suites, et services exclusifs. En parallèle, le groupe s'engage à faire évoluer le modèle pour réduire l'impact écologique de ses constructions. Depuis 2017, l'entreprise va au-delà de la réglementation en matière de construction durable pour ses nouveaux resorts et ses rénovations majeures. Un effort écocertifié par le label BREEAM (label britannique indépendant spécialisé dans la recherche en construction durable), qui a même attribué le niveau «Excellent» pour la construction de l'espace Exclusive Collection La Rosière. Une première dans toutes les Alpes. De quoi ouvrir une voie encore plus décarbonée pour les quelques projets à venir : le village de La Plagne 2100 se dirige vers une rénovation, un retour du Club Med pourrait être envisagé à Avoriaz, les Ménuires et Valloire seraient aussi évoqués.
En proposant une expérience globale de la montagne, plus lifestyle, avec d'autres activités que le ski, le Club Med s'inscrit dans l'esprit de transition des stations. Il développe aussi les offres estivales de ses resorts d'altitude, impulsant une dynamique saisonnière de la montagne. Le groupe a aussi annoncé vouloir s'investir dans le grand projet des Alpes françaises de la prochaine décennie, les Jeux olympiques de 2030, en assurant de l'hébergement via ses villages. Une fois de plus, l'histoire du Club Med et celui des Alpes s'entremêlent, continuant d'écrire ensemble l'histoire du tourisme d'altitude. ▮▮

Le premier village-club de Monêtier-les-Bains (Serre-Chevalier) : si le concept n'a pas vraiment changé, le niveau de confort, lui, n'a plus rien à voir avec celui des débuts.

PORTFOLIO

LA BLANCHE FABRIQUE À SOUVENIRS

Les vacances au ski sont une fabrique à souvenirs, car elles mélangent comme nulle autre pratique sportive grisante, nourriture atypique et fondante, météo extrême et paysages hors normes.

TEXTE
LAURENT BELLUARD

Les vacances au ski sont un mythe bien moderne, reflet d'une évolution sociétale initiée par les fameux congés payés de 1936 : l'été se passe au bord de l'eau, l'hiver désormais à la neige. Réservé à la haute société, le plaisir de skier prend de l'ampleur après-guerre, au début des Trente Glorieuses. Auparavant, la montagne touristique était promue par les compagnies de chemins de fer à la fois pour la beauté des paysages et évidemment, pour son bon air à une époque où l'on se chauffait au charbon, où la pollution de l'air était bien pire qu'aujourd'hui. Au fil des époques, l'imagerie populaire autour de la neige opère un glissement vers le tourisme de masse et le ski, un bonheur indicible qu'il faut avoir expérimenté. Tout tend à démontrer que la montagne en hiver n'est que plaisir, masquant la vérité plus crue des jours blancs, du froid qui pince, du vent qui agresse. Non, le ski ne se pratique pas obligatoirement sous un ciel bleu le matin et dans un transat l'après-midi, sur la terrasse d'un des solariums aujourd'hui désuets. Cette montagne hivernale fantasmée n'est finalement que le reflet des désirs de liberté d'une société actés par les grèves de 1968. Le tourisme populaire et bon enfant d'une France encore industrielle s'est progressivement transformé en un tourisme à plusieurs vitesses, reflet là aussi de la volonté de se singulariser, de hiérarchiser les classes sociales. Le choix de la destination exprime l'ambition ou le niveau de revenus de la famille, de même que l'hébergement n'est plus uniforme. Le studio-cabine a pris ses aises et se rêve en duplex cosy aux prestations haut de gamme. D'un tourisme hivernal initié par un projet sociétal commun voulu par le plan Neige, forme de droit au ski pour les classes moyennes, on observe un tourisme plus égotique incarné par la mode des selfies et les spots aménagés pour mieux nourrir les réseaux. Reste la neige, toujours aussi blanche. ▮▮

Retour de vacances au ski à la gare de Lyon, en janvier 1967, avant que la location de skis facilite le voyage en chemin de fer.

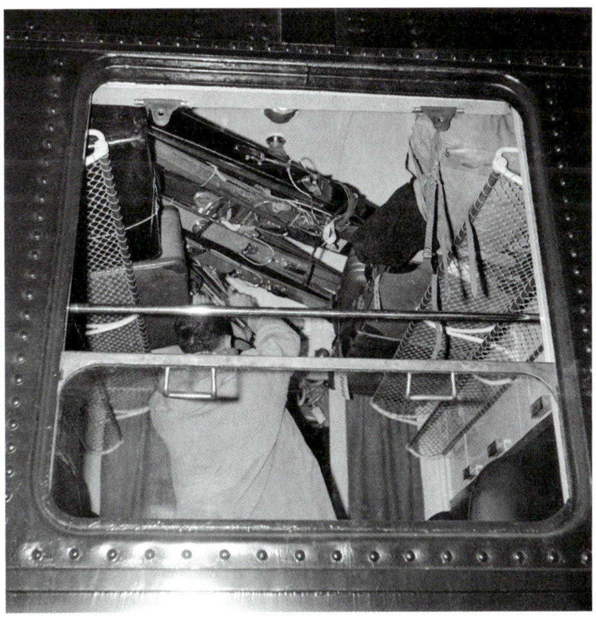

Liaison ferroviaire entre Chamonix et Vallorcine dans les années 1980.

Les transports publics ne sont pas une nouveauté pour les vacances d'hiver, même en station comme ici aux Deux Alpes.

*Le Mont-Blanc Express irrigue tout le territoire,
participant grandement à l'explosion du tourisme
dans la vallée de Chamonix.*

Départ en colonie de vacances durant l'hiver 1961.

Le chemin de fer a longtemps promu le ski par delà les époques.

STARTING BLOCKS

En noir et blanc, les vacances où l'on apprend à skier. En couleur, les années du ski populaire et du farniente à la neige.

TAKE A BREAK, EAT A RACLETTE

L'adrénaline du saut dans le vide, un inoubliable vertige transgénérationnel.

Léo Lacroix transforme sa cabine en œuf de Pâques, aux Ménuires.

Depuis toujours, la mode s'empare de l'image du ski. En station, le paraître permet d'afficher son appartenance sociale, tandis que la technicité des équipements portés par d'autres met en avant leur niveau d'expérience dans la pratique.

HMV
Val Cenis
Haute Maurienne Vanoise
1 300 m - 2 800 m • 125 km de pistes
VALCENIS.COM

MERCI PAPA MERCI MAMAN

CLASSES DE NEIGE, COLONIES

LES CENTRES DE LOISIRS, UN ENJEU CLÉ POUR L'AVENIR DU SKI

Beaucoup ont découvert une activité ou un milieu lors d'une colonie ou d'une classe découverte, loin des parents, avec parfois un impact pour la vie entière. Pourtant, ces vacances collectives ou éducatives destinées aux jeunes sont en perte de vitesse, notamment en montagne, en raison de la complexité des lieux et des exigences d'encadrement. Dans le cas du ski, les risques liés à la neige ont même conduit certains enseignants devant la justice. Jean Pinard, géographe spécialiste du tourisme, retrace sa propre histoire pour étayer son raisonnement sur le sujet…

TEXTE
JEAN PINARD

L'UCPA demeure l'un des voyagistes majeurs pour le ski, en formule séjour ou colonie.

Pour apprendre, il faut un moniteur, mais il faut surtout un séjour pour ceux dont la famille ne skie pas !

Un jour de grand ciel bleu d'automne, j'ai gravi le dôme des Écrins! C'est mon unique 4000, mais j'en suis fier, parce que j'ai toujours eu le vertige, et je pensais que gravir la montagne n'était pas fait pour moi.

Mon 4000, je l'ai fait lors d'un stage effectué pendant mon service militaire au bataillon de Joinville avec toute la team kayak de ma promo 08/87 (c'est dire si ça date). Nous étions partis un mois en stage d'oxygénation chez les chasseurs alpins à la caserne de Gap qui nous servait de camp de base pour rayonner dans le massif des Écrins.

Aucun d'entre nous n'avait d'expérience d'alpinisme, notre truc c'était l'eau des torrents et des lacs, et sans ce stage qui nous a initiés à la montagne, jamais nous ne serions montés sur ce dôme enneigé, et jamais je n'aurais à mon tour initié et encouragé mes enfants à pratiquer la montagne.

Il y a toujours une première fois, et pour beaucoup de jeunes, c'est en famille qu'ils découvrent la montagne, comme le ski. C'est d'ailleurs un des reproches qui est fait à la pratique du ski alpin jugée trop élitiste et citée souvent comme l'exemple le plus criant d'un modèle de reproduction sociale.

Aucun des acteurs de la montagne ne peut se contenter de parier sur ce modèle pour donner une envie de ski et de montagne aux jeunes générations, parce d'une part le modèle s'épuise, et que d'autre part il est de plus en plus critiqué.

Pour autant, apprendre à faire du ski, relève de la même logique qu'apprendre à faire du canoë ou apprendre à nager. Nous sommes un pays de montagne, et la culture de nos montagnes s'est construite dans la pratique sportive qui la différenciait des autres territoires. Étudiant à Besançon, j'ai le souvenir que mes potes du «Haut» qui venaient du Haut-Doubs, n'avaient que 600 mètres d'altitude de plus que nous les gens de la plaine, mais ils avaient tous en commun de faire du ski de fond, de l'escalade, mais plus encore, ils avaient cette culture de l'aventure. La collection Guérin n'existait pas encore, mais ils avaient tous lu *La Mort suspendue* et *Les Conquérants de l'inutile*, et ce qui me fascinait chez eux, c'était leurs rêves de voyage dans les pays de haute montagne.

Un peu plus tôt, avant de rentrer en fac, à 18 ans, profitant des premiers contrats aidés pour les jeunes, j'ai passé mes brevets d'État de kayak, de ski de fond, d'accompagnateur de moyenne montagne, avec la furieuse envie de me former pour accompagner des jeunes à découvrir la montagne dans laquelle mes parents (ou mes profs) ne m'avaient jamais emmené. C'est mon entraîneur de kayak qui nous conduisait dans le Jura pour faire du ski de fond (parce qu'il faisait trop froid pour pagayer sur le Doubs en hiver) et sans cette pratique associative, je ne sais pas comment j'aurais découvert la glisse du ski nordique.

Je dois ma culture des sports nature, ma culture de la montagne, à des éducateurs formés pour partager leur savoir et leur connaissance. Ce truc m'a marqué toute ma vie, et lors de la dernière assemblée générale de VVF dans laquelle j'intervenais pour partager une certaine vision du tourisme en montagne, nous avons longuement parlé de la difficulté de maintenir

Le village vacances de Pelvoux en 1977, le bel âge des colonies.

Comment s'initier au ski lorsqu'il n'y a pas de ski scolaire ou que les parents ne skient pas ? Pas d'autres choix que les colonies ou les classes de neige.

en montagne une place pour les acteurs du tourisme social et solidaire.

Ces derniers concentrent environ 65000 lits dans les Alpes, qu'il faut comparer aux 1500000 lits touristiques des deux Savoie, soit à peine 4,3 % de l'offre. La montée en gamme de l'offre d'hébergement dans les stations de montagne est un piège qui va se refermer progressivement sur les acteurs de la filière ski, qui a besoin de renouveler, mais surtout de diversifier ses pratiquants.

Au-delà d'accueillir des familles des classes moyennes, les stations de montagne ont un besoin impératif de maintenir une offre d'accueil d'enfants, dans le cadre des classes de neige, des colonies de vacances ou de séjours sportifs. Et c'est là que le bât blesse, car c'est tout le contraire qui est en train de se produire. Le modèle d'une promotion immobilière, qui pousse les investisseurs à chercher des exploitants capables de payer des loyers toujours plus élevés, n'est plus compatible depuis longtemps avec l'ambition originelle portée par les stations de ski, qui avaient pour mission d'accompagner la démocratisation de la pratique du ski en accueillant des enfants dans le cadre de classes de neige.

C'est à La Féclaz, en Savoie, qu'a eu lieu en février 1953, la toute première classe de neige organisée par une école publique, sur une initiative d'un médecin scolaire fervent défenseur de la pratique d'activités sportives pendant le temps scolaire.

Ces classes de neige, qui se sont développées jusqu'au début des années 2000, contribuaient à démocratiser la pratique du ski longtemps réservée à une population privilégiée ou locale. Elles offraient aussi aux stations de ski la possibilité de maintenir leur activité économique en dehors des périodes de vacances scolaires, tout en accueillant de jeunes urbains qui, sans les classes de neige, n'auraient jamais découvert la montagne – et devenaient ainsi les skieurs de demain... C'est souvent là que naissait l'intérêt et quelquefois la passion pour les sports d'hiver. Malgré leur succès initial, les classes de neige ont connu un déclin important à partir des années 2000.

Les raisons avancées sont toujours les mêmes : les contraintes financières couplées à la baisse de l'engagement des enseignants dans l'organisation et l'accompagnement des classes de neige.

Entre 2000 et 2010, le nombre de nuitées dans les centres de vacances des deux Savoie chute de près de 30 %, et un certain nombre d'acteurs s'en inquiètent, mais l'orientation haut de gamme de l'immobilier des stations vient masquer la perte de la pratique du ski par ces jeunes, qui laissent leur place à des clientèles de plus en plus lointaines.

La montée en gamme a toujours été le mantra de la filière tourisme. On ne cesse de reprocher à la France de ne pas être compétitive par rapport à ses voisins et notamment l'Espagne. Mais on compare deux modèles qui n'ont rien à voir entre eux, et ceux qui souhaiteraient que l'exemple de la montée en gamme de l'offre de la montagne serve de modèle au tourisme littoral n'ont rien compris aux enjeux du tourisme dans un pays tel que la France.

La France peut être en même temps un des pays les plus visités au monde, mais son économie touristique reste dopée par la consommation des clientèles domestiques, notamment dans les régions de l'arc atlantique, dont la typologie de l'offre correspond avant tout à la demande de la clientèle française. La comparaison évoquée précédemment avec l'Espagne n'a donc pas lieu d'être tant les dynamiques touristiques des deux pays n'ont rien à voir entre elles. La France offre un équilibre unique en tant que destination touristique de premier plan mondial, entre fréquentation et consommation de proximité de sa clientèle domestique.

L'erreur des stations de montagne serait de considérer que plus la neige viendra à manquer, plus le positionnement haut de gamme s'impose comme la solution, avec comme idée que la baisse du chiffre d'affaires des remontées mécaniques serait compensée par l'augmentation du prix des forfaits. Je ne crois pas à cette stratégie parce qu'au-delà d'être très court-termiste, elle repose sur une clientèle qui ne peut pas être fidélisée, car trop lointaine. En accueillant hiver comme été beaucoup

plus de jeunes, le pari serait fait que cette «acculturation» à la montagne – et bien évidemment aux pratiques sportives que seule la montagne est capable de proposer, dont bien sûr le ski – permettrait de fidéliser cette clientèle moins lointaine, qui, à l'instar de mes copains de fac du «Haut», finiraient par s'installer dans ces villages de montagne, pour y créer leur activité, fonder leur famille...

Le débat sur la transition de la montagne, ce n'est pas un débat binaire pour ou contre le ski, c'est un débat sur l'identité, la culture de la montagne. En tant que géographe, je fais souvent référence quand je travaille sur des enjeux d'attractivité territoriale à ce que j'appelle «le sentiment géographique», un concept né en Bretagne qui permet de comprendre l'attachement des Bretons à leur territoire.

Ouvrir plus grand la porte aux jeunes en montagne, c'est prendre le pari de partager avec eux, ce sentiment d'attachement à ces territoires montagnards, c'est (re)construire avec eux une identité montagnarde, et faire de cette identité un sentiment géographique.

Les montagnards sont attachés à leur région, ce taux d'attachement est beaucoup plus élevé que la moyenne nationale, c'est un sentiment singulier qui perdure, mais qui s'effrite si la montagne perd son âme. La montagne c'est un territoire périphérique au sein de l'espace français, elle servait de frontière et c'était sa faiblesse, mais aujourd'hui elle est au cœur des échanges et ouverte sur le monde grâce aux tunnels qui prolongent les vallées.

C'est en s'ouvrant aux jeunes que la montagne se réinventera!

« JE DOIS MA CULTURE DES SPORTS NATURE, MA CULTURE DE LA MONTAGNE, À DES ÉDUCATEURS FORMÉS POUR PARTAGER LEUR SAVOIR ET LEUR CONNAISSANCE. »

FROMAGE OU MIRAGE ?

QUAND LA MONTAGNE FOND DANS L'ASSIETTE

Sous la nappe à carreaux et les flocons de carte postale, la cuisine d'altitude cache un paradoxe : reine des tables hivernales, elle oublie parfois ses plus beaux ambassadeurs. Car derrière le trio raclette-tartiflette-fondue, les grands fromages de Savoie fondent aussi… dans l'indifférence.

TEXTE
ALEXIS-OLIVIER SBRIGLIO

Laetitia et Johnny Halliday partagent une fondue à Gstaad, en Suisse.

Un feu de bois, des amis, la neige derrière les vitres et la fondue au centre de la table. L'image est belle. Elle sent le sapin, les vacances, les retrouvailles. Mais sous cette carte postale crémeuse, un déséquilibre se dessine. Car si le fromage fondu incarne l'hiver gourmand, il relègue souvent les trésors du terroir savoyard au rang d'ingrédient secondaire, dilué dans une générosité sans nuance. À contre-pied, les producteurs de la région défendent une autre image : celle d'un morceau de beaufort taillé à l'Opinel, d'une tranche d'abondance servie sur une planche, avec un verre de mondeuse. Un fromage brut, entier, porteur d'un territoire. Un goût qui résiste à la fonte généralisée.

LE SYNDROME RTF : RACLETTE, TARTIFLETTE, FONDUE

Le trio RTF – raclette, tartiflette, fondue – s'est imposé comme le menu automatique des stations. Une trilogie rassurante, conviviale, efficace. Pourtant, aucun de ces plats n'est encadré par une appellation. La raclette? Elle peut être suisse, allemande ou auvergnate. La tartiflette? Trop souvent réalisée avec un reblochon industriel. La fondue? Un mélange hétéroclite, sans souci de provenance. Heureusement, l'Indication géographique protégée «raclette de Savoie» a vu le jour, fruit de longues démarches pour ancrer cette spécialité dans sa terre d'origine. Mais le sujet reste flou, alors que la Savoie compte huit fromages sous le signe officiel de qualité : cinq AOP (beaufort, abondance, reblochon de Savoie, tomme des Bauges, chevrotin) et trois IGP (tome de Savoie, emmental de Savoie, raclette de Savoie). Autant de merveilles qui peinent parfois à s'imposer… même en montagne.

LE BEAUFORT : UN PRINCE EN DIFFICULTÉ.

Symbole de l'excellence savoyarde, le beaufort traverse une crise silencieuse. Surnommé le «prince des gruyères», il subit une baisse de consommation de 10 % cette année. Le prix versé aux coopératives a considérablement baissé : la tonne redescend de 1500 à 1300 euros, et sans doute encore moins demain. Un plus bas historique. Avec seulement 5000 tonnes produites chaque année – contre près de 70000 tonnes pour le comté –, ce fromage d'altitude devient rare, et donc fragile.

Face à la pression économique, certains producteurs cherchent de nouveaux débouchés. La grande distribution, bien sûr, mais aussi les chaînes de fast-food, friandes de «crédibilité terroir». Le terroir, version burger : un pis-aller pour des meules qui mériteraient les plus belles tables. Et disons-le, le beaufort est sans doute l'un des meilleurs fromages de France, mais est-il vraiment valorisé, fondu dans un plat à gratin? Fondre un reblochon de Savoie (AOP) sans ménagement, c'est comme tremper de la pistache dans du chocolat au lait : le «Dubai Chocolate». Un usage récréatif, parfois régressif, un format qui cartonne sur les réseaux sociaux, mais est-ce vraiment utile?

MANGER LOCAL, UN LUXE EN MONTAGNE?

Dans les stations, l'envie de consommer local est là. C'est même un argument marketing. Mais dans les faits, intégrer un fromage AOP dans un plat servi à grande échelle reste compliqué. Coût, logistique, volumes limités : les contraintes sont nombreuses. Résultat, les fromages industriels s'imposent là où les produits fermiers devraient briller. Et pourtant, quelle vitrine plus évidente qu'un restaurant d'altitude? Qui mieux que les chefs de montagne pour

Le fromager de Val d'Isère, en 1995, ou comment valoriser les produits locaux pour les faire connaître du grand public.

Sans le ski, la majorité des fromages de montagne serait restée confidentielle.

Grâce à la prise conscience collective de l'intérêt des circuits courts, mais aussi pour valoriser le patrimoine local, la mise en avant des fromages de montagne en station a vraiment augmenté.

faire briller un chevrotin ou une tomme des Bauges? Quelques irréductibles s'y essaient. Leur carte évite le sempiternel RTF. À la place : copeaux de tome sur un œuf poché, mousse de reblochon dans un bouillon d'hiver, lamelles de beaufort sur une polenta grillée. Des plats simples, sincères, élégants. Et profondément ancrés.

LE GOÛT D'UN LIEU

Manger une fondue à Paris n'a rien de comparable avec le plaisir de la savourer à La Clusaz, dans un chalet à flanc de forêt. Le goût, ici, se déploie autrement. L'air sec, le bois chaud, la neige aux fenêtres : tous les sens participent. Le fromage devient le prolongement du paysage. On ne le consomme pas, on le rencontre. Car faire un fromage AOP, c'est une aventure en soi. Des gestes anciens, un élevage de montagne, un affinage rigoureux, une altimétrie stricte. Un savoir-faire collectif qui façonne aussi bien la meule que la vallée. Derrière chaque morceau : l'odeur du foin, le lait cru du matin, l'humidité des caves et la main de l'homme.

FONDRE DU FROMAGE, POURQUOI PAS, MAIS PAS N'IMPORTE COMMENT!

Certains plats, eux, ont su préserver l'âme du fromage. C'est le cas du berthoud, spécialité haut-savoyarde à base d'abondance AOP, gratinée au vin blanc, madère et ail. En 2020, ce plat emblématique a obtenu le label européen « Spécialité traditionnelle garantie », protégeant à la fois sa recette et son nom. Le Syndicat interprofessionnel du berthoud, fondé en 2019, veille aujourd'hui à son respect et à sa valorisation. Un modèle à suivre pour d'autres recettes de montagne.

LA RACLETTE : ICÔNE NATIONALE

Chaque hiver, plus de 38000 tonnes de fromage à raclette sont vendues en grande distribution. Ce plat désormais culte, deuxième préféré des Français derrière la pizza, séduit par sa simplicité et son coût : autour de 11 euros par personne, soit moins qu'un fast-food. Comme le résume Bernard Mure-Ravaud, Meilleur ouvrier de France et champion du monde des fromagers : « C'est bon, on partage, et c'est quand même meilleur qu'un McDo! »

LA FRANCE, 100 MILLIONS DE VISITEURS, PLUS DE 1200 FROMAGES DIFFÉRENTS

En 2024, la France a accueilli plus de 100 millions de visiteurs internationaux. Les Alpes figurent parmi les destinations les plus prisées. Mais que reste-t-il d'un séjour en montagne sans l'expérience du goût? Ces fromages racontent un territoire. Les déguster sur place, c'est plus qu'un plaisir : c'est un acte. Un geste de soutien. Un lien entre le voyageur et la vallée, entre la tradition et la table. Alors oui, la fondue reste un plaisir. La tartiflette aussi. Mais derrière la gourmandise, il y a des hommes, des saisons, des savoirs. Et un message simple : pour goûter la montagne, il faut d'abord l'écouter.

PUBLICITÉ

PIERRE & VACANCES S'ENGAGE POUR LA TRANSITION ÉNERGÉTIQUE ET LA DÉCARBONATION DES LOGEMENTS À LA MONTAGNE

Pierre & Vacances, leader du tourisme de proximité et premier hébergeur à la montagne, écrit une nouvelle page de l'histoire d'Avoriaz, berceau historique de la marque.

Aujourd'hui, 70 % des résidences de tourisme à la montagne sont des passoires énergétiques. Comme la majorité des stations de ski, Avoriaz est confrontée à de nombreux enjeux environnementaux (rénovation énergétique et décarbonation du parc immobilier), mais aussi économiques (développer et maintenir les lits chauds au bénéfice de tout l'écosystème de la station). Conscient de ces différentes problématiques, Pierre & Vacances réaffirme son engagement en faveur d'un tourisme plus responsable à la montagne grâce à un projet ambitieux : la rénovation innovante d'une ancienne résidence construite en 1975, classée F (DPE).

Exemple d'une réhabilitation exemplaire, la résidence désormais baptisée « Capella » réussit le pari de réduire de plus de moitié sa consommation énergétique et ses émissions carbone en exploitation grâce à une isolation renforcée par l'intérieur, de nouveaux systèmes de chauffages intelligents moins énergivores et l'utilisation de matériaux français biosourcés. Dès cet hiver, la résidence propose ainsi une nouvelle génération de 143 appartements 4 étoiles confortables, modernes et cosy, spécialement pensés pour les familles et offrant une vue panoramique sur la vallée de Morzine.

En rénovant et optimisant des bâtiments existants au lieu de construire, Pierre & Vacances limite l'artificialisation des sols, contribue à la préservation des espaces naturels et renforce l'attractivité de la destination en valorisant son patrimoine architectural.

La résidence Capella incarne la vision du futur du tourisme de montagne portée par Pierre & Vacances. Un tourisme plus respectueux de l'environnement, créateur de valeur pour l'économie locale et offrant aux clients un haut niveau de confort.

PIERRE & VACANCES À AVORIAZ, C'EST AUSSI CINQ AUTRES RÉSIDENCES :

- Résidence Saskia Falaise
- Résidence Électra★★★
- Résidence Antarès★★★
- Résidence Atria-Crozats★★★★
- Résidence Premium L'Amara★★★★★

Informations et réservations sur pierreetvacances.com

Le ski a toujours été un marqueur social sans être réservé aux riches. Sinon, comment expliquer ces tenues bigarrées impossibles à porter en ville ?

SOCIO

LE MYTHE DES VACANCES AU SKI
CARTE POSTALE OU CONSTRUCTION SOCIALE ?

TEXTE
NICO DIDRY

Vacances à l'Alpe de Venosc, à l'époque où le village de l'Alpe de Mont-de-Lans était encore trop éloigné pour créer la station des Deux Alpes.

Chaque hiver, alors que les flocons commencent à recouvrir les sommets alpins, un rituel bien huilé se met en place : celui du grand départ vers les cimes enneigées. Des files de voitures s'accumulent sur l'autoroute blanche, les coffres débordent de combinaisons, de skis et d'espoirs. Car plus qu'un simple voyage, les vacances au ski, en France comme ailleurs, relèvent d'un mythe collectif, un rêve d'altitude à forte connotation sociale.
Explorons la force et la symbolique sociale de ce mythe des vacances au ski qui, bien qu'elles soient un mélange d'évasion, de clichés et de réalités contrastées, perdurent dans le temps. Pourtant, cet imaginaire bien poli et ancré efface une réalité parfois moins glamour... Le mythe, selon Roland Barthes, est une parole, un système de pensées codifié au sein de la société qui permet de donner du sens à l'objet. Le mythe est un signe. Il est aussi un récit enchanteur, il fait rêver et donne à aimer et à admirer. Ainsi, pour Pascal Lardelier, le mythe scénarise ce que le rite met en scène. Pour les vacances au ski, c'est un peu cette carte postale parfaite : des chalets en bois enneigés, un feu de cheminée après une journée de glisse, un vin chaud ou un chocolat brûlant à la main, des familles ou des amis heureux, bronzés malgré le froid, les repas partagés autour de la raclette et de la fondue, et bien sûr, les descentes sur des pistes immaculées, dans un décor de rêve, synonyme de liberté. C'est Instagram-compatible, ça fait rêver. Mais si l'on envisage cette belle expérience de manière plus globale, la réalité est un peu moins enchanteresse, entre les contraintes organisationnelles et logistiques (gestion de la location, de l'équipement, habiller les enfants, porter son matériel...), le monde (embouteillages sur la route, files d'attente aux télésièges, pistes bondées en période de vacances scolaires), l'aléa météo (brouillard, pluie, tempête...), le coût élevé et la fatigue générée (ce sont plutôt des vacances déconnectantes que reposantes : activité physique, froid, altitude...). Néanmoins, cela reste magique pour beaucoup et, malgré une expérience souvent contrastée, les vacances au ski gardent cette image qui fait pétiller les yeux, une image associée au bonheur. Le mythe tient bon, comme si l'effort même faisait partie du charme. Il faut le mériter, ce moment d'évasion. Alors pourquoi cette magie opère-t-elle toujours? Pourquoi ce mythe enchanteur des vacances au ski perdure-t-il?

LA PROMESSE DE PURETÉ ET DE PARENTHÈSE ENCHANTÉE

Le ski, dans l'imaginaire collectif, est un condensé de liberté et de nature. On y projette une parenthèse hors du temps, loin du bitume et des villes bruyantes. Glisser sur la neige fraîche devient un acte presque spirituel : on s'élève, littéralement, vers quelque chose de plus pur, plus essentiel. C'est un retour à la simplicité, du moins en apparence... L'air pur et la symbolique du blanc renforcent cette image de pureté, associée au ressenti des sensations naturelles que l'on pense vivre comme l'exprime une vacancière : «J'aime le blanc, ça fait du bien aux yeux,

« LE SKI EST UN MARQUEUR SOCIAL FORT. IL PERMET DE SE DIFFÉRENCIER SUBTILEMENT : ON NE VA PAS "À LA NEIGE", ON VA "À VAL D'ISÈRE", "À LA GRAVE", OU "À GÉRARDMER". »

Des souvenirs en couleurs, et sur les réseaux.

le froid sur la peau, respirer l'air pur...» Cette image cristalline et symbolique est si fortement ancrée dans nos représentations collectives, qu'elle en occulte souvent le fait que le ski transforme la montagne – autrefois espace sauvage – en un espace de loisir. Le rôle du marketing dans le maintien de cet imaginaire est prépondérant et les stations de montagne l'ont bien compris en adoptant une terminologie visant à renforcer cette image de pureté, mais aussi de confort et bien-être : «pistes paradisiaques, hôtels de charme, ambiance cocooning...». Elles ne vendent d'ailleurs plus du ski depuis longtemps, mais une expérience, un «lifestyle», voire même un rêve que l'on retrouve sur les photos de paysages immaculés, de bonheur partagé entre amis ou famille. Le cinéma et les séries jouent aussi un rôle à ce niveau. En effet, les films montrent souvent les vacances au ski comme une parenthèse magique, que ce soient des scènes de films romantiques avec balades en raquettes, fondues au coin du feu et amours d'altitude, des scènes de films d'action aussi (James Bond), ou des comédies françaises comme *Les Bronzés font du ski*, parodique, mais devenu culte. Ces représentations façonnent une idée collective de ce que devrait être une semaine à la neige : authentique, pure, glamour, fun et pleine d'aventures.

LA MISE EN SCÈNE BIEN RODÉE D'UN RITUEL

Le chalet en bois, la raclette, le feu de cheminée : tout est soigneusement mis en scène pour créer une atmosphère chaleureuse et rassurante. Le ski est l'un des rares loisirs à être à la fois physique et cocooning. On souffre sur les pistes pour mieux se réconforter après. Ce contraste devient lui-même un argument : la fatigue est noble, elle justifie le plaisir. Mais cette scénographie est aussi profondément normée. Elle s'inspire des publicités, des films, des récits d'enfance et aujourd'hui des réseaux sociaux. Elle suggère que ces vacances ne sont pas seulement agréables : elles sont incontournables. Presque une obligation morale. En février, il faut «aller au ski», comme on va à la plage en été, alors que seulement 8 à 10 % des Français partent en vacances au ski. C'est aussi là que l'on voit la force du mythe dont le rituel est narré par les médias chaque année et qui renforce cette image de pratique sociale universelle. Les choix éditoriaux des reportages se focalisent de manière quasi systématique sur les éléments du rituel : le départ en voiture ou en train, les embouteillages vers les stations, la location

L'après-ski, ces endroits où il faut être (vu) fait également partie de ce qui segmente les skieurs.

Avant les réseaux sociaux, les cartes postales vendaient également une vie idéalisée au ski.

des skis, les photos en combinaison, la raclette obligatoire... Des vacances codifiées en somme. Et cela crée une forme de liturgie sociale, presque un calendrier sacré des classes moyennes/supérieures françaises. À cela s'ajoute aussi la notion de prestige et de tradition, perpétuée par certaines destinations. En effet, ce que l'on pourrait qualifier de snobisme historique autour du ski et de la montagne qui dans les années 1950-1960 était un loisir de vacances de l'élite, est entretenu par certaines stations qui véhiculent cette aura de luxe et de prestige, avec des hôtels cinq étoiles, des restaurants étoilés, des spas et autres espaces bien-être. La mise en scène de ces expériences liées au bien-être vient renforcer et diversifier la mise en scène de ce rituel de vacances.

L'ILLUSION DE L'UNIVERSALITÉ

Le mythe repose aussi sur l'idée que les vacances au ski sont une expérience universelle de plaisir hivernal. C'est renforcé par les médias, les récits, les images... Or, ce modèle ne correspond ni aux réalités économiques de beaucoup de foyers, ni aux envies de tous. Le ski reste un loisir plutôt onéreux. Malgré les efforts de certaines stations, il demeure largement inaccessible à une partie de la population économiquement, mais aussi parfois géographiquement. Il reste donc structurellement excluant, pourtant, il continue à être présenté comme un «standard». En effet, dans l'espace médiatique et scolaire, ces vacances sont présentées comme une norme implicite, voire comme une tradition «française» – renforçant le sentiment d'exclusion de ceux qui n'y ont pas accès. Ce décalage crée un mythe élitiste sous couvert d'universalité : tout le monde en parle, mais tout le monde n'y va pas. En sociologie, on parle alors d'un modèle dominant, qui efface d'autres formes de vacances d'hiver, parfois plus simples, rurales ou urbaines. En cela, le ski fonctionne comme une vitrine sociale : il montre un mode de vie, une réussite, un entre-soi. Il affiche une capacité à s'extraire du quotidien, à investir dans du temps pour soi, pour sa famille, pour vivre des expériences. Une forme de capital culturel et symbolique.

LE SKI COMME MARQUEUR SOCIAL ET RITUEL DE CLASSE

S'il est un lieu où la pente se fait autant sociale que géographique, c'est bien la montagne. Dans l'imaginaire collectif français, les vacances au ski incarnent à la fois l'évasion, le confort, l'effort maîtrisé et la réussite sociale. Mais cette représentation n'est pas née par hasard : elle s'inscrit dans une longue tradition de distinction des classes par les loisirs. Selon Pierre Bourdieu, les pratiques culturelles ne sont jamais neutres : elles révèlent une position sociale. Le ski ne fait pas exception. Il appartient à un registre de loisirs «légitimes» – ceux qui exigent non seulement un capital économique (logement, équipement, transport, forfaits), mais aussi un capital culturel spécifique : il faut connaître les codes (vocabulaire, tenue, comportements sur les pistes), avoir été initié jeune. C'est l'idée de l'habitus : un ensemble de dispositions incorporées dès l'enfance qui rendent le ski naturel pour certains... et presque inaccessible pour d'autres. Aller au ski, c'est faire partie de ceux qui savent. Dans les familles où on skie «depuis toujours», le séjour au ski devient une norme familiale. Les enfants y sont initiés jeunes, ce qui favorise la reproduction de ce mode de vie à l'âge adulte. Ceux qui n'ont pas eu cet accès peuvent se sentir exclus d'un monde qui, paradoxalement, semble ouvert à tous (puisque les stations se disent «accueillantes»). A contrario, ceux qui y allaient enfants veulent reproduire ce modèle avec leurs propres enfants. C'est une forme

Un paysage de rêve ne suffit pas à faire décrocher les skieurs de leur smartphone. Le ski Instagram...

de reproduction sociale, mais aussi de nostalgie. Le mythe se transmet comme une sorte de rite familial hivernal. Enfin, le ski, en tant que rite social, fonctionne comme une performance : il s'agit de «faire les bonnes vacances au bon moment», dans les bonnes stations. De plus, le ski est un marqueur social fort. Il permet de se différencier subtilement : on ne va pas «à la neige», on va «à Val d'Isère», «à la Grave», ou «à Gérardmer». La station elle-même devient un signe de positionnement. C'est l'économie de la rareté symbolique à l'œuvre qui, ici, fait perdurer le mythe.

LE MYTHE 2.0

Aujourd'hui, le mythe des vacances au ski s'est adapté à l'ère numérique. Les selfies en haut des pistes, les vues panoramiques sur fond de musique «lounge» nourrissent une narration constante : «Regardez comme c'est beau, comme on est bien.» La montagne devient un décor, un fond d'écran géant, une preuve de bonheur à montrer au monde. Les réseaux sociaux ont amplifié la portée de ce mythe. Chaque hiver, les stories Instagram ou TikTok mettent en scène un quotidien magnifié : neige parfaite, looks étudiés, plaisirs simples, mais chics. L'image remplace l'expérience. Le ski devient une preuve sociale de bonheur, une validation par l'altitude et le lifestyle. Mais ces images ne sont qu'une facette des vacances au ski, comme évoqué plus haut : les galères de transport, le logement trop petit, la queue du télésiège ou encore les conditions météo défavorables sont peu, voire pas, mises en avant. Le mythe des vacances au ski n'intègre pas les coulisses. Le prisme déformant des réseaux sociaux crée ainsi une pression implicite à vivre une expérience de rêve et entretient l'idée que le ski, c'est le bonheur pur. En mettant en avant les ingrédients magnifiés du rite, il entretient et alimente le mythe.

UN MYTHE À RÉINVENTER?

Les vacances au ski sont l'une des plus grandes légendes hivernales de notre époque postmoderne : un mélange d'effort et de luxe, de nature et de consommation, d'authenticité rêvée et de réalité bien balisée. En prenant un prisme sociologique, il ressort que le ski n'est pas qu'un sport, c'est une institution sociale, un récit idéologique et parfois aussi une fabrique de l'entre-soi. Le mythe des vacances au ski est un mélange bien huilé de nostalgie, de marketing, de pression sociale et d'imagerie glamour. Il repose sur des rêves de liberté, de nature, de confort, qui masquent parfois les contraintes bien réelles. Il s'appuie donc à la fois sur une carte postale emblématique et inchangée, et sur une construction sociale fortement ancrée. À l'heure de la nécessaire transition des territoires de montagne (on ne dit plus «stations de ski», cf. Ski français n° 2), du fait du changement climatique, le réel défi pour l'écosystème de la montagne est aussi de faire évoluer ce mythe. Il s'agit alors de développer un rituel de vacances à la montagne hiver comme été, plus que celui univoque des vacances au ski. Un nouveau mythe de vacances à la montagne au travers de nouveaux imaginaires faisant la part belle à la déconnexion, au bien-être physique et mental, au ressourcement, au contemplatif, en plus des imaginaires sportifs et naturels. Vers un nouveau mythe s'écartant de celui de la montagne élitiste, sauvage et inaccessible, mais s'appuyant néanmoins sur le mythe de la montagne tel un espace préservé, naturel et accueillant. Une sorte de refuge, qu'il soit climatique en été par exemple, ou un moyen de s'échapper du tumulte urbain, de se reconnecter au vivant, de revenir aux sources, quelle que soit la saison.

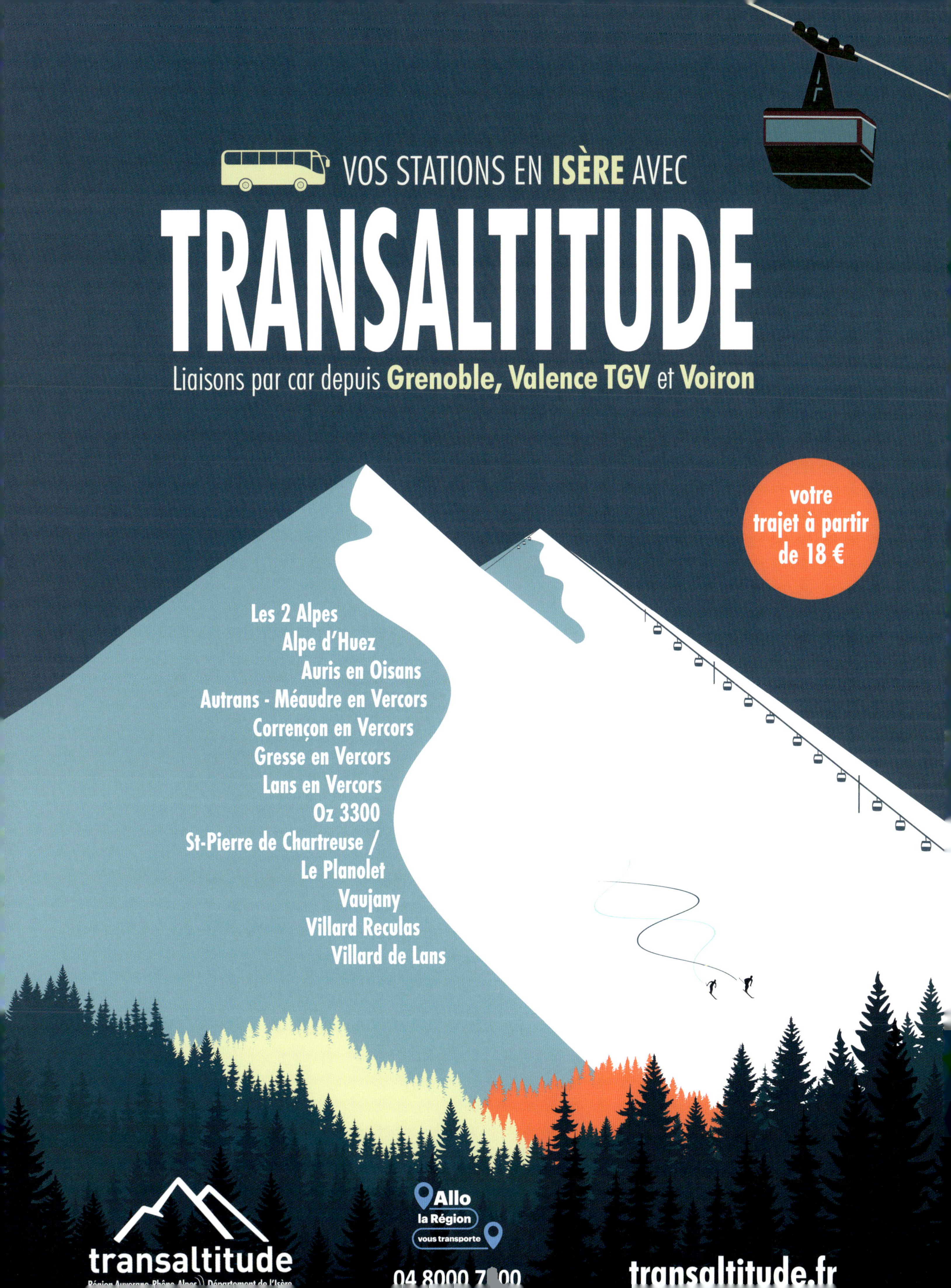

VOS STATIONS EN ISÈRE AVEC
TRANSALTITUDE
Liaisons par car depuis Grenoble, Valence TGV et Voiron
votre trajet à partir de 18 €
Les 2 Alpes
Alpe d'Huez
Auris en Oisans
Autrans - Méaudre en Vercors
Corrençon en Vercors
Gresse en Vercors
Lans en Vercors
Oz 3300
St-Pierre de Chartreuse / Le Planolet
Vaujany
Villard Reculas
Villard de Lans
transaltitude
Allo la Région vous transporte
transaltitude.fr

ZÉRO CARBONE

SÉJOURS AU SKI : LES TOURISTES PAS (ENCORE ?) SUR DE BONS RAILS

Contrairement à ce qui existe en Suisse, le train demeure un mode de transport assez marginal pour les séjours au ski dans les stations françaises (rarement plus de 10 à 15 % des touristes l'utilisent). Entre retards récurrents sur certaines lignes, des prix peu attractifs, une offre insuffisamment dense et un parcours client souvent compliqué, de multiples facteurs expliquent cette désaffection relative pour le rail… même s'il existe un vrai espoir de voir les choses changer, dans un avenir plus ou moins proche.

TEXTE
MARTIN LÉGER

D'après une étude réalisée par le site internet villedereve.fr – s'appuyant sur les chiffres fournis par la SNCF via sa plateforme open data –, le trajet Paris-Briançon est tout simplement la pire des 74 lignes ferroviaires de France (nationales et régionales confondues) en termes de ponctualité. Ainsi, en 2024, sur 443 trains programmés, deux ont été annulés et 208 sont arrivés en retard, soit un taux de ponctualité de seulement 52 %. Et encore, un train est considéré «à l'heure» dès lors que son retard au terminus est inférieur à 15 minutes pour un parcours supérieur à 3 heures! L'année 2023 était même légèrement pire, avec à peine 50 % de trains à l'heure. «Il est vrai que le Paris-Briançon de nuit est sujet à un important volume annuel de retard. Cela s'explique parce qu'on circule sur une voie essentiellement unique entre Valence et Briançon, où il est compliqué de se croiser. D'autant qu'il faut jongler avec les derniers trains de jour, le volume de fret et les travaux assez conséquents la nuit. Bref, c'est un vrai casse-tête de faire cohabiter tout ça! Du fait de cette ligne unique, même si le Paris-Briançon lui-même est à l'heure, il suffit qu'un train de marchandises soit en retard pour que cela se répercute sur lui», indique-t-on du côté de SNCF Voyageurs.

« IL EXISTE AUJOURD'HUI UN MILLEFEUILLE POUR REJOINDRE LES DESTINATIONS TOURISTIQUES EN TRAIN. TANT QU'IL N'Y AURA PAS DE FACILITATION POUR RÉSERVER SON SÉJOUR EN UN SEUL CLIC, ON NE POURRA PAS S'ATTENDRE À DES CHANGEMENTS DE COMPORTEMENTS. IL FAUT BIEN GARDER À L'ESPRIT QU'UN COMPORTEMENT EST LA RÉSULTANTE D'UN COMPROMIS ENTRE UN IDÉAL ET UNE CONTRAINTE »

CHANGER LES MENTALITÉS

Ce triste record explique sans doute – en partie – que les touristes n'étaient que 11 % à choisir le train pour venir skier à Serre Chevalier (contre 87 % pour la voiture) lors de l'hiver 2023-2024, selon une étude BVA commanditée par la Compagnie des Alpes, l'exploitant du plus grand domaine skiable des Alpes du Sud*. «Cette part modale est beaucoup trop faible par rapport à ce que l'on souhaiterait, d'autant que le transport est responsable de la majeure partie des émissions de CO_2 lors d'un séjour au ski (en moyenne près des deux tiers, NDLR). C'est sûr que la coupure pendant un an et demi du TGV Paris-Milan** n'a pas aidé», estime David Chabanal, le directeur de l'office du tourisme de Serre Chevalier Vallée Briançon. Qui pointe aussi «l'absence de yield management (la tarification dynamique), rendant rapidement le voyage en train très cher pour une famille. La capacité du train de nuit est aussi limitée, avec au maximum 14 wagons, soit 700 places. C'est peu pour une vallée de 52000 lits touristiques. Le frein principal à la venue en train, c'est la qualité de l'offre et sa fiabilité». Un constat partagé par Julien Couty, le directeur de Hautes Terres Tourisme, le territoire sur lequel se trouve la station du Lioran, qui a pourtant la chance d'avoir une gare située littéralement au pied des pistes : quelques mètres à marcher pour chausser ses skis et prendre le téléski… «Il y a pourtant une demande de la clientèle, notamment les urbains qui viennent de Clermont-Ferrand et souhaitent s'épargner les bouchons sur la route ou le stress de la conduite sur neige. Mais il ne faut pas se leurrer, on n'est pas non plus au pied d'une gare TGV, donc on n'aura jamais 80 % de la clientèle qui viendra en train. C'est avant tout une question de mentalité et d'habitudes, les gens choisissent également la voiture pour partir en vacances à la mer. Cela prendra des années pour changer cela. Il faut vraiment avoir une offre de mobilité alternative intéressante et cohérente. Et ce qui est sûr, c'est que plus l'offre sera importante, plus elle suscitera l'intérêt des touristes.»

SIMPLIFIER LE PARCOURS CLIENT

Pour Grégory Guzzo, ancien d'Antidots (une start-up d'Aix-les-Bains à l'origine de Go Savoie Mont-Blanc, une plateforme de réservation de transports multimodaux), et qui vient de créer Distinctiiv (une société de conseil stratégique et opérationnel, œuvrant notamment dans le domaine du tourisme), «il existe aujourd'hui un millefeuille pour rejoindre les destinations touristiques en train. Tant qu'il n'y aura pas de facilitation pour réserver son séjour en un seul clic, on ne pourra pas s'attendre à des changements de comportements. Il faut bien garder à l'esprit qu'un comportement est la résultante d'un compromis entre un idéal et une contrainte». Ces contraintes seraient-elles liées à la problématique du fameux «dernier kilomètre» pour rejoindre les stations? «Je ne pense pas, parce que par exemple, les stations de Savoie et de Haute-Savoie sont assez bien desservies en bus, répond l'actuel président (bénévole) de l'office du tourisme de Val Thorens, dont il fut aussi directeur entre 2010 et 2018. Le problème vient plus de l'offre de trains elle-même, du prix, et de la complexité, voire l'impossibilité, de réserver son train avant j–3 mois. Il faudrait davantage anticiper, un peu à l'image de ce qui est fait en Suisse.» Grégory Guzzo met aussi

Les JOP 2030 accéléreront-ils vraiment le développement du chemin de fer en montagne ?

en avant un problème de gouvernance : «Dans les grandes métropoles, il y a par rapport aux transports une logique d'usagers qui connaissent leur territoire plutôt qu'une logique de clients ayant besoin de beaucoup d'informations.» En d'autres termes, si le touriste qui va au ski se sent perdu ou craint de l'être pendant son voyage, il sera davantage enclin à prendre sa voiture, considérée comme plus sécurisante.

Tous les interlocuteurs que nous avons interrogés s'accordent sur un point : il existe une vraie appétence pour le train. Grégory Guzzo affirme ainsi que «dans 98 % des cas, pour rallier les stations de ski depuis les grandes villes en France, Benelux ou Royaume-Uni, les clients préfèrent la combinaison train + bus à celle d'avion + bus, et ce, même si le train est plus cher. Sans doute parce que le trajet est plus simple en train. On en revient toujours à cette nécessité de diminuer la contrainte et de simplifier le parcours client».

LES JO 2030 EN ACCÉLÉRATEURS?

Autre motif d'espoir : le Paris-Briançon occupe la troisième place des lignes de nuit les plus prisées (derrière Paris-Toulouse et Paris-Nice), avec une fréquentation passée de 350000 clients annuels en 2019 à 1 million en 2024. «Depuis le Covid, il y a un attrait accru pour les modes de transports doux. Avec le col du Lautaret qui peut fréquemment être compliqué à franchir en hiver, pour les skieurs venant du nord, le train peut constituer une bonne alternative. Mais encore une fois, tout dépend de la qualité de l'offre. Il est évident que si elle était plus massive et qualitative, on augmenterait la part de ce mode de transport», estime David Chabanal. Les JO 2030 pourraient aussi permettre d'améliorer la desserte des stations par le rail, notamment dans les Alpes du Sud. Renaud Muselier, le président de la région PACA, a ainsi annoncé l'objectif, d'ici 2029, d'améliorer la desserte ferroviaire Marseille-Briançon (en faisant baisser le temps de trajet de 5 h à 3 h 30), avec aussi 151 millions d'euros d'investissements dans l'étoile ferroviaire de Veynes (celle à l'origine des nombreux retards de la ligne Paris-Briançon).

L'annonce du lancement du Travelski Night Express est une autre bonne nouvelle. Commercialisée par Travelski, filiale de la Compagnie des Alpes, cette offre prévoit 14 rotations aller-retour entre le 19 décembre 2025 et le 20 mars 2026, sur la ligne Paris – Bourg-Saint-Maurice (qui desservira au passage les gares de Moûtiers et d'Aime). Ce train de nuit comprenant 660 couchettes et un wagon bar-restaurant proposera un départ le vendredi soir pour une arrivée le samedi matin, et un retour le samedi soir pour une arrivée le dimanche matin, permettant ainsi de profiter de huit jours de ski. Le début d'une belle histoire d'amour entre les skieurs et le train? Seul l'avenir le dira...

* Sur l'ensemble des stations exploitées par la Compagnie des Alpes (La Plagne, Les Arcs, Peisey-Vallandry, Tignes, Val d'Isère, Les Menuires, Méribel, Flaine, Samoëns – Morillon – Sixt-Fer-à-Cheval, Serre Chevalier), la part des clients venant en train est de 13 %, selon cette même étude BVA, qui s'appuyait sur les réponses de 12000 sondés.

** La ligne avait été coupée en août 2023 à cause d'un spectaculaire éboulement en Maurienne, avant de rouvrir depuis le 31 mars 2025. En temps normal, les clients de Serre Chevalier descendent à Oulx (après 4 h 37 de trajet en moyenne depuis Paris), d'où ils prennent un bus qui les amène à Briançon en environ 45 minutes.

Tout l'Outdoor est
Au Vieux Campeur

FICTION

VACANCES DE NOËL SANS NEIGE DE CULTURE : HÉRÉSIE OU ORTHODOXIE ?

Selon les scénarios utilisés dans les sérieuses études ClimSnow, imaginer débuter les vacances de Noël sans neige de culture apparaît de plus en plus improbable – non seulement pour pratiquer le ski, mais surtout à cause des contraintes sociales et organisationnelles étroitement liées. Car si le dérèglement climatique impacte deux fois plus la montagne que la plaine, il apparaît nettement plus marqué en novembre et sur la première partie de décembre, période clé pour la préparation de la saison hivernale.

TEXTE **LAURENT BELLUARD**

Sans discuter les aléas météorologiques qui privilégient chaque année certains massifs à d'autres à l'instant T, on se remémore plusieurs vacances de Noël sauvées in extremis par une chute de neige salvatrice, la saison dernière en étant le parfait exemple. À ce jeu de hasard, contrairement aux idées préconçues, les stations de moyenne, voire de basse altitude, ne sont pas forcément les perdantes sans un recours à la neige de culture, puisque la majorité de leur domaine skiable repose sur des pâturages : une belle chute de neige de 30 à 50 centimètres suivie d'une période de froid (regel nocturne a minima) permet d'offrir un ski de bonne qualité. Pour les domaines d'altitude, si la même chute permet le même ski, il se concentre principalement sur le front de neige et quelques autres pistes bien engazonnées, excluant une bonne partie du domaine où une sous-couche s'avère nécessaire pour emprisonner les cailloux, même petits, qui sinon ressortent au premier passage des skieurs.
D'ailleurs, les quelques rares années où il est arrivé de ne vraiment pas pouvoir skier à cette période, les vacanciers l'ont bien mieux vécu que les professionnels pour qui, hormis les restaurateurs, c'est une perte sèche de chiffre d'affaires.

SÉCURISER LA SAISON, À TOUS LES NIVEAUX

Si l'on supprimait la neige de culture – utilisée pour bâtir une base neigeuse de plusieurs dizaines de centimètres lors des périodes de froid d'avant-saison –, le risque ne toucherait pas seulement les vacanciers, mais surtout les entreprises déjà en difficulté pour recruter des saisonniers. L'évolution du droit du travail (et c'est tant mieux!) obligeant de signer des contrats à durée déterminée comprise entre deux dates (le début et la fin...), ne reste que l'option du chômage technique. Pas vraiment l'idéal pour attaquer une saison, après une période sans chiffre d'affaires où il a fallu quand même investir. L'usage raisonné de la neige de culture ne compense pas les variations naturelles (peu fiables sous 2 000 m), elle sécurise surtout l'économie montagnarde, avec seulement quelques semaines pour «faire la saison». C'est d'ailleurs le sujet majeur des acteurs de l'économie du ski qui tentent de trouver des solutions incitatives pour faire venir des clients après le 15 mars, car la qualité de la neige est à cette période souvent meilleure qu'en décembre! Parallèlement à la contrainte climatique, le calendrier des vacances scolaires européennes dont dépendent les stations rallonge ou réduit ce nombre de semaines viables pour le ski. Autant dire que l'équation s'avère quasiment insoluble sans la sécurisation du début de saison par l'usage de la neige de culture.

PERFECTIONNER ENCORE L'USAGE

Si la question de la neige de culture à Noël ne se pose pas en termes binaires, le secteur des domaines skiables recherche cependant à en perfectionner l'usage, tant quantitativement que qualitativement. Par exemple, certaines zones sur un domaine sont plus sensibles au soleil que d'autres, et ce, parfois sur 50 mètres à peine. Les exploitants interviennent alors pour modifier légèrement l'inclinaison de la piste, donc son orientation, pour mieux préserver la neige – avec pourquoi pas, l'adjonction de quelques conifères en bordure – plutôt que de faire (re)cracher les enneigeurs comme c'était l'usage jusqu'il y a peu. Évidemment, cette solution ne peut résoudre toutes les problématiques de fonte du manteau neigeux, mais améliore la sobriété de l'usage de la ressource. De même, les systèmes d'enneigeurs commencent à être équipés de microcentrales électriques permettant, lorsque l'eau circule sous pression, de générer des kWh. Simple. Efficace. Avec un taux de couverture de 40 % des domaines skiables (contre 54 % en Suisse ou 70 % en Autriche), le réseau français de neige de culture a cependant permis de diviser leur exposition à l'aléa climatique par un facteur trois ces 25 dernières années. Un dispositif qui a permis de compenser l'augmentation marquée de la fréquence des hivers peu enneigés, ramenant le niveau de risque à celui observé avant la prise de conscience des effets du réchauffement climatique, dont l'impact est particulièrement sensible en montagne, plus qu'en plaine. Ce qui a fait dire à Émilie Bonnivard, députée de la troisième circonscription de Savoie, qu'il fallait «consolider l'offre de neige de culture partout où c'est possible et cohérent» afin de défendre «la durabilité des populations qui vivent en, et de la montagne». Un plaidoyer à rebours du bruit médiatique, mais partagé par Marie-Noëlle Battistel, autre députée de territoire de montagne, pourtant d'un bord politique différent.

Comme d'autres secteurs, l'économie du ski subit les conséquences du réchauffement climatique, et ce, malgré les accords de la COP 21. La neige artificielle et les remontées mécaniques représentent environ 3 % de l'empreinte carbone d'un skieur. En parvenant à réduire à zéro ses émissions de gaz à effet de serre d'ici 2037, selon l'engagement pris par la branche, les domaines skiables auront fait leur révolution. Restera aux autres à suivre la tendance et à, par exemple, ne plus surchauffer les chambres d'hôtel comme c'est encore trop souvent le cas, afin de créer un cercle vertueux. Car ne nous trompons pas de combat : en dénonçant la neige de culture, les soi-disant défenseurs de la montagne – trop souvent relayés par des politiques peu au fait du dossier – s'attaquent au tourisme en montagne. Car sans ski, il n'y a plus d'hôtels, et sans hôtels, plus de magasins, etc. Tout le château de cartes du tourisme baptisé de manière incantatoire «quatre saisons» s'effondre. C'est hélas ce qui va se passer à l'Alpe du Grand-Serre dès l'hiver prochain. Comme le dit le proverbe : «Il n'est pire aveugle que celui qui ne veut voir.» Factuellement, il n'y a pas deux types de neige, mais une multitude, dont celle de culture. Joyeux Noël!

STATIONS DESSERVIES EN TRAIN

UNE CHANCE POUR L'ENSEMBLE DU TERRITOIRE

Si l'utilisation du réseau ferroviaire reste minoritaire pour rejoindre les stations, l'amélioration de la desserte en train de ces destinations et la gestion du dernier kilomètre permettent d'offrir une alternative durable au transport carboné.

TEXTE
SANDY PLAS

La gare du Lioran, une des rares a réellement permettre d'accéder directement en train à un domaine skiable.

73679

Passer du quai d'une gare parisienne au cœur de la vallée de la Tarentaise en 5 h 30 environ, en n'ayant rien d'autre à faire que de regarder le paysage défiler, l'idée a de quoi séduire. Et ce, plutôt que d'affronter les sept heures de trajet en voiture qui permettent de rejoindre Bourg-Saint-Maurice depuis la capitale. Sur le papier, l'usage du train pour rejoindre certaines stations de ski a tout pour plaire entre temps de trajet raccourci, confort et logistique allégée. Une option qui perd cependant un peu de son lustre si l'on prend en compte le coût du trajet, avec un prix moyen qui s'établit à 137 euros par personne pour un aller-retour en train, contre 280 euros pour un trajet aller-retour pour l'ensemble des passagers d'une voiture. Difficile de connaître aujourd'hui l'impact de ces prix élevés sur le choix des voyageurs de privilégier le train ou la voiture. Mais les clients qui optent pour le rail semblent encore rester minoritaires.

Dans la station des Arcs, qui compte parmi les domaines skiables les mieux intégrés en matière de desserte ferroviaire, la part de skieurs rejoignant en hiver leur destination en utilisant le train, puis le funiculaire, est estimée à 25 %. « Le fait que l'on soit accessible en 100 % piétons depuis plusieurs capitales européennes est une vraie singularité de notre station, explique Marion Grognet, directrice marketing au sein de l'office de tourisme Les Arcs – Bourg-Saint-Maurice. Aujourd'hui, un client sur deux en provenance d'Île-de-France prend le train pour rejoindre les Arcs et les études montrent qu'il y a une vraie satisfaction client sur ce type de trajet ». Du côté des trajets de proximité, la formule semble avoir plus de mal à s'installer dans le paysage, seuls 3 % des clients en provenance d'Auvergne-Rhône-Alpes faisant appel au train. « Actuellement, les offres sont moins intéressantes pour cette clientèle, par rapport à l'utilisation de la voiture », regrette Marion Grognet. Reste qu'au global, la station est parvenue à passer de 20 % de clients optant pour le train pour rejoindre leur destination de vacances avant 2019 à 25 % aujourd'hui. Plusieurs facteurs expliquent cette tendance, parmi lesquels la mise en place de trains Ouigo, aux tarifs plus accessibles, mais également l'élargissement des horaires du funiculaire, permettant de relier les Arcs depuis la gare de Bourg-Saint-Maurice et qui fonctionne désormais comme un transport en commun.

« UN VRAI ATOUT »

À Saint-Gervais, au pied du mont Blanc, on a également voulu miser sur le train depuis plusieurs années. Point d'arrivée de nombreuses lignes (TGV en provenance de Paris, TER arrivant de Lyon, Léman Express depuis Genève ou encore Mont-Blanc Express depuis la vallée de Chamonix), la commune est un centre névralgique pour l'arrivée des voyageurs

« AUJOURD'HUI, UN CLIENT SUR DEUX EN PROVENANCE D'ÎLE-DE-FRANCE PREND LE TRAIN POUR REJOINDRE LES ARCS ET LES ÉTUDES MONTRENT QU'IL Y A UNE VRAIE SATISFACTION CLIENT SUR CE TYPE DE TRAJET. »

pendant l'hiver. En quelques mois, elle a vu fortement augmenter le nombre de voyageurs rejoignant la destination en train. La formule magique? Une télécabine, le Valléen, qui relie la gare située au Fayet à la station de Saint-Gervais, située sur les hauteurs. Un équipement inauguré en septembre dernier et qui a trouvé son public rapidement : « Nous accueillons une clientèle de séjour, mais également une clientèle de proximité qui vient à la journée et qui utilise le Valléen, en plus du train, pour se déplacer », explique Didier Josephe, directeur de l'office

UN SKI VAUT MIEUX QUE DEUX TU L'AURAS

La joie du départ et la promesse d'un séjour décarboné ? Peu d'avancées dans le domaine depuis les années 1960…

de tourisme. Un argument de poids pour améliorer l'attractivité de la destination : «Cette desserte en train associée au Valléen est un vrai atout touristique sur lequel nous appuyons aujourd'hui une partie de notre promotion», poursuit Didier Josephe.

«UNE VÉRITABLE FORCE»

Une analyse que rejoint Camille Rey-Gorrez, la présidente de l'association Mountain Riders, qui sensibilise et accompagne les acteurs de la montagne à la transition environnementale et qui voit dans cette gestion du dernier kilomètre permettant de relier la station à la gare un point essentiel : «La desserte en train est une véritable force pour engager ces stations dans une stratégie bas carbone, explique-t-elle. Mais c'est aussi un plus dans l'expérience client, quand elle est suivie d'une gestion du dernier kilomètre. Et cela passe notamment par le fait de développer des projets d'ascenseurs valléens». Des projets qui semblent aujourd'hui difficiles à faire aboutir, du fait de leur complexité administrative et du coût financier qu'ils représentent, mais qui peuvent constituer de vrais atouts pour l'ensemble d'un territoire, au-delà des voyageurs de passage, quand ils sont connectés à un réseau ferré. À Saint-Gervais, parmi les 250000 personnes transportées par le Valléen depuis sa mise en service, un tiers sont des habitants qui utilisent quotidiennement ce mode de transport. ▌▌

TRANSPORTS

GARE INTERNATIONALE DE SAINT-JEAN-DE-MAURIENNE : UNE « OPPORTUNITÉ D'AVENIR » POUR TOUTE UNE VALLÉE

D'ici 2030, une nouvelle gare internationale entrera en service à Saint-Jean-de-Maurienne, dans le cadre de la future mise en service du tunnel de base du Mont-Cenis et de la réalisation de la nouvelle ligne ferroviaire reliant Lyon à Turin. Sur place, les élus et opérateurs de stations de ski attendent avec impatience ce nouvel équipement, qui marquera un tournant pour la vallée.

TEXTE **SANDY PLAS**

Une gare, au pied des stations. Située en plein cœur de la vallée de la Maurienne, la gare de Saint-Jean-de-Maurienne, en Savoie, constitue un point de passage pour nombre de touristes qui mettent le cap en hiver et en été sur les stations de ski alentour : domaine des Sybelles, station des Karellis, de Saint-François Longchamp, voire de Val Thorens, grâce à la télécabine qui permet de relier Orelle, dans la vallée, à la station du domaine des Trois Vallées, en Tarentaise. Cette gare joue également un rôle stratégique majeur, tant sur le plan économique que pour la mobilité de l'ensemble du territoire. Elle dessert un bassin de vie de 15000 habitants, qui en tirent pleinement parti pour leurs déplacements quotidiens. Depuis cette gare, il est possible de rejoindre Chambéry en 1 h 40, Lyon en 2 h 30, Paris en environ 3 h 50, ainsi que Turin en 2 h 30, via Modane, Bardonèche et Suse, en Italie. Mais d'ici quelques années, les cartes des déplacements dans la vallée de la Maurienne pourraient être rebattues avec la mise en service de la ligne à grande vitesse Lyon-Turin, qui reliera la France à l'Italie, en passant sous les Alpes, à travers un tunnel transfrontalier de 57,5 kilomètres. Dans le cadre du projet, la gare de Saint-Jean-de-Maurienne gagnera ses galons de gare internationale et accueillera des TGV en provenance des grandes villes italiennes, avec des temps de trajet sensiblement réduits. Elle marquera la dernière étape avant l'entrée dans le tunnel transfrontalier, côté français, à destination de l'Italie.

Dès 2022, avant de voir émerger la nouvelle gare internationale, l'ancienne a été rasée et remplacée par un pôle multimodal temporaire pour continuer à accueillir les trains pendant la phase de travaux. Le chantier devrait s'achever en 2030, pour une mise en service lors de l'ouverture de la section transfrontalière de la nouvelle ligne Lyon-Turin, entre Saint-Jean-de-Maurienne et Suse, prévue en 2033. Une concrétisation encore lointaine, mais déjà très attendue dans la vallée et aux alentours. «Aujourd'hui, la gare de Modane est située au plus près de la frontière. Demain aura aussi un rôle central à jouer, pour desservir l'ensemble de la vallée, appuie Philippe Rollet, le maire de la commune. Cette gare va donner une nouvelle visibilité à la Maurienne, qui reste toujours un peu dans l'ombre de la Tarentaise, mais qui va pouvoir faire connaître ses stations-village et ses stations de haute altitude.» À terme, cette nouvelle ligne permettra de relier Turin à Saint-Jean-de-Maurienne en moins d'une heure, rapprochant ainsi la cité du Piémont des domaines skiables mauriennais.

Mais au-delà de la perspective de rapprocher l'Italie de la Maurienne, Philippe Rollet envisage le projet dans une dimension plus large, à l'échelle européenne : «Le chantier de la ligne Lyon-Turin est un projet européen. Cette ligne ne constitue qu'une partie du programme qui va permettre de relier plus facilement nos territoires depuis le reste de l'Europe», poursuit-il. Dans une seconde phase, lorsque l'aménagement du tracé côté français, jusqu'à Lyon, aura été finalisé, les lignes en provenance du reste de la France pourront également réduire leur temps de trajet, grâce aux nouvelles installations. Dans l'intervalle et à l'avenir, les «TGV neige»,

Un projet géré par les acteurs du Lyon-Turin, qui va hautement profiter aux stations de Maurienne.

Manque encore l'ascenseur valléen pour rejoindre les Sybelles. Question de temps ?

qui relient Paris à Modane, continueront de circuler sur l'ancienne ligne, pour desservir la vallée et les stations alentour.

ASCENSEUR VALLÉEN

Du côté des stations, l'ouverture de cette future gare est attendue avec impatience. Au sein du domaine des Sybelles, situé sur les hauteurs de Saint-Jean-de-Maurienne, cette infrastructure est vue comme une «opportunité d'avenir». «Avec cette nouvelle gare, nous allons proposer un accueil touristique digne de ce nom à nos clients, en raccourcissant les temps de trajet. Ce sera un vrai plus pour notre destination», salue Laurent Deléglise, directeur général des Sybelles. Et dans la station mauriennaise, on voit déjà plus loin, en imaginant un projet d'ascenseur valléen, qui pourrait connecter directement la nouvelle gare au domaine des Sybelles. «C'est un projet qui a tout son sens, pour faciliter le parcours de nos clients vers notre domaine et pour offrir un itinéraire à la fois plus facile et plus rapide, poursuit Laurent Deléglise. Aujourd'hui, le projet est sur la table et on essaie de se donner toutes les chances pour qu'il aboutisse. C'est un équipement qui pourrait servir, au-delà de nos clients, à tous les usagers du territoire, aux travailleurs comme aux écoliers, qui rejoignent la vallée chaque jour et pourraient utiliser ce nouveau mode de transport». Une nouvelle étape franchie par la Maurienne sur la voie d'une transition tournée vers l'avenir.

« AVEC CETTE NOUVELLE GARE, NOUS ALLONS PROPOSER UN ACCUEIL TOURISTIQUE DIGNE DE CE NOM À NOS CLIENTS, EN RACCOURCISSANT LES TEMPS DE TRAJET. CE SERA UN VRAI PLUS POUR NOTRE DESTINATION. »

CYCLE DE VIE DES REMONTÉES MÉCANIQUES

En début d'année 2024, la France comptait 1092 téléportés (téléphériques, télécabines et télésièges), 1875 téléskis et 34 autres appareils, sans compter les 485 tapis roulants de montagne, selon les chiffres STRMTG (Service technique des remontées mécaniques et des transports guidés), dépendant du ministère des Transports. En dépit de la baisse régulière du nombre de remontées mécaniques (–600 depuis 2011), le moment de puissance national (grandeur standard qui mesure leur capacité de transport) reste stable ou en hausse, grâce au remplacement régulier des équipements vieillissants par des appareils plus performants.

Chaque année, environ 90 installations (remontées mécaniques et tapis) sont mises hors service tandis que 70 autres entrent en fonctionnement.

Ainsi, entre 2011 et 2024, on estime que 1200 structures de ce type (ou tapis) ont été arrêtées alors que 600 nouvelles ont été réalisées, ce à quoi il faut ajouter 250 tapis supplémentaires. Sur cette période, le parc français est passé de 3600 à 3000 équipements, principalement en raison du démontage de 550 téléskis.

Trois destins bien différents attendent ces quelque 90 remontées démantelées par an. Pour la majorité, elles sont recyclées. L'acier est fondu et réutilisé sous d'autres formes. Les appareils encore opérationnels sont transférés sur de nouveaux sites, à l'image du télésiège des Roches-Blanches à Val Cenis l'an dernier, dont 90 % des éléments provenaient d'autres installations, selon la logique de l'économie circulaire et la volonté de limiter autant que possible le bilan carbone. Par ailleurs, rien n'est monolithique, une partie d'une remontée peut être recyclée alors que d'autres pièces peuvent rejoindre une autre installation via un système d'annonces disponibles sur le site web de Domaines Skiables de France. Dernière option, l'utilisation de ces éléments par des artisans, voire des artistes, pour en faire par exemple du mobilier vintage, à l'image des sièges transformés en bancs ou des télécabines en espaces pour téléphoner dans un open-space par exemple. Pour ce faire, des brocanteurs récupèrent des lots ou le gestionnaire organise une vente aux enchères, comme cette année à Font-Romeu, avec une mise à prix à 500 euros la cabine datant de 1978.

Entre 2012 et 2021, 40 sites ont arrêté le ski alpin en France, ce qui représente 80 installations hors service (6 % des 1200 installations désactivées au total sur la même période). Depuis les débuts du ski, 353 remontées mécaniques ont été arrêtées dans le cadre de la fermeture de domaine ou sous-domaine (186 au total en 70 ans*). Il s'agissait toujours de microsites, pour l'essentiel des centres de ski comportant un ou deux téléskis, et n'ayant jamais développé les services spécialisés propres à une station de montagne. Que les sites fermés aient été opérés par des acteurs publics ou privés, on observe qu'en moyenne 82 % des appareils sont démontés dans les dix ans suivant la fermeture. Ce délai reste donc relativement «court» si l'on tient compte de l'attachement des habitants à leurs remontées mécaniques et des hésitations pour reprendre leur exploitation (ce qui est parfois le cas), ou leur trouver un autre usage (estival par exemple) après leur démantèlement.

*Ndlr : chiffres issus de la thèse de Pierre-Alexandre Metral, pour lesquels il disposait de suffisamment de données afin de mener ses travaux, sachant qu'il y en a plus de 200 au total.

« EN 2025, 80 REMONTÉES MÉCANIQUES OBSOLÈTES SONT AINSI À DÉMANTELER SUR UNE QUARANTAINE DE SITES QUE DSF A CARTOGRAPHIÉS AVEC L'OBJECTIF D'EN DÉMONTER TROIS PAR AN. »

La durée de vie d'une remontée est variable, mais au-delà de quelques dizaines d'années, son obsolescence impose son démontage.

En dernier ressort, pour les installations vétustes dont la présence se prolonge, par exemple lorsque le territoire ne parvient pas à rassembler les ressources nécessaires, des campagnes bénévoles comme celle de DSF ou de Mountain Wilderness interviennent. Mais dans leur immense majorité, les démontages sont réalisés par les acteurs eux-mêmes en autonomie, les mêmes précisément qui ont décidé l'arrêt du ski sur leur territoire.

En 2025, 80 remontées mécaniques obsolètes sont ainsi à démanteler sur une quarantaine de sites que DSF a cartographiés avec l'objectif d'en démonter trois par an. Les sites comprenant le plus d'installations en friche sont issus des mises à l'arrêt récentes : Ventron (88) fermée en 2020 avec huit remontées mécaniques, Céüze (05) fermée en 2018 avec huit remontées mécaniques, le col de l'Arzelier (38) fermé en 2018 également avec quatre appareils ou encore le stade de neige de Vauplane-Soleihas (04), fermé en 2017 avec quatre remontées mécaniques. Ces territoires sont en réflexion active, voire déjà en action, pour traiter ces friches.

L'ensemble des 186 sites de ski alpin fermés en France permet d'observer les transformations locales puisque le ski s'y est totalement arrêté. À ces endroits, et nonobstant une fréquentation parfois importante pour d'autres activités outdoor notamment, quasiment aucune nouvelle activité économique suffisamment génératrice d'emplois n'a remplacé le ski. Dans quelques cas, une activité sporadique subsiste, à l'image d'un gîte, d'un restaurant ou du réemploi d'un bâtiment pour un usage différent. Il n'empêche que ce constat interroge et devrait être pris en compte dans les réflexions de certains territoires voulant franchir le pas de l'arrêt du ski. Sans un véritable projet économique de substitution, pas forcément touristique par ailleurs, le risque de perte de vitesse ou de valeur pour le territoire s'avère important. D'autres transitions sont à l'œuvre dans les stations en activité, lesquelles continuent d'entretenir et moderniser le parc des 3000 remontées mécaniques françaises en adaptant leur stratégie aux évolutions du climat et de la clientèle avec en moyenne 90 démontages et 70 nouvelles installations réalisés chaque année, le déplacement un peu plus haut en altitude du front de neige en étant un des emblèmes. ✖

PLAN DE SOBRIÉTÉ HYDRIQUE DES FILIÈRES TOURISTIQUES FRANÇAISES

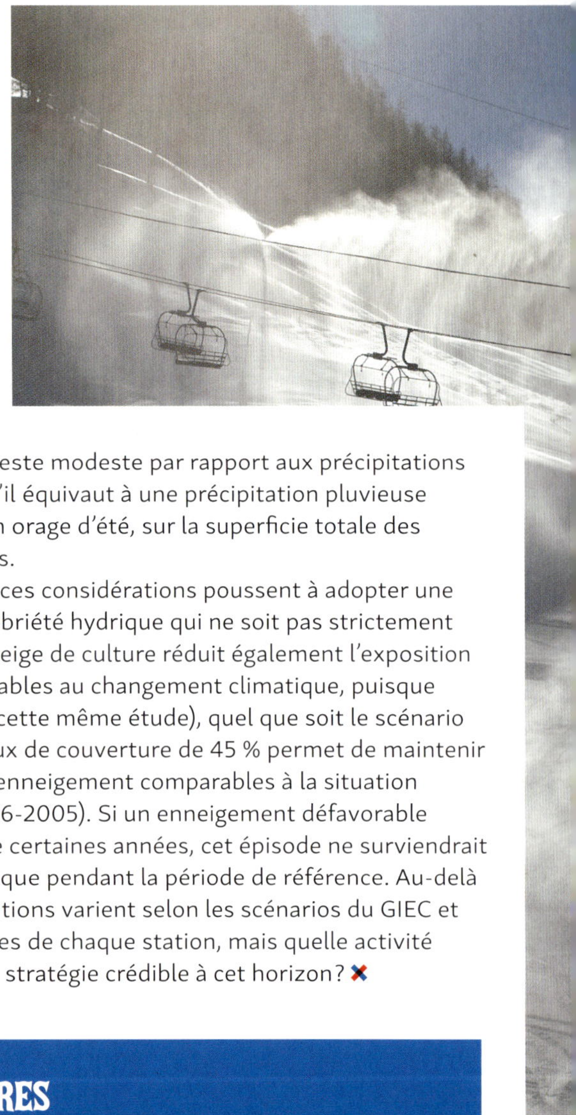

Les domaines skiables poursuivent leurs engagements pour concilier l'activité touristique hivernale en montagne avec la préservation de la ressource en eau, essentielle pour les écosystèmes et les usages humains.

Le 24 avril, au ministère de l'Économie, des Finances et de la Souveraineté industrielle et numérique à Paris, les représentants de Domaines Skiables de France (DSF) ont signé le plan de sobriété hydrique de la filière des domaines skiables français dans le cadre de la « Signature des plans de sobriété hydrique de la filière touristique ». Un événement qui rassemblait les domaines de l'hébergement touristique et de la restauration, des sports et activités de pleine nature ainsi que des espaces de loisirs, attractions et sites culturels.

Le plan de sobriété hydrique de la filière des domaines skiables français porté par DSF est un engagement collectif construit avec ses partenaires : l'Association nationale des maires des stations de montagne (ANMSM), l'Association nationale des directeurs de pistes et de la sécurité de stations de sports d'hiver (ADSP) et l'Association nationale des professionnels de la neige de culture (ANPNC), pour répondre aux enjeux de l'eau en montagne.

La signature des plans hydriques nationaux, visant à réduire de 10 % les prélèvements d'eau, s'inscrit dans la continuité du plan Eau lancé en 2023 par le président de la République, mais l'ensemble des exploitants de domaines skiables travaillent déjà depuis de nombreuses années pour préserver cette ressource en appliquant un ensemble de bonnes pratiques tout en intégrant de la R&D et des innovations pour développer des solutions encore plus économes. Pour mémoire, environ 25 millions de mètres cubes d'eau sont prélevés dans le milieu naturel chaque année, transformés en neige par l'action du froid ambiant en montagne grâce aux gouttelettes d'eau pulvérisées par les enneigeurs, puis restitués pour l'essentiel par la fonte au milieu naturel dans lequel ils ont été prélevés. Il faut inlassablement répéter qu'aucun adjuvant n'est utilisé pour produire la neige. Selon une étude conjointe de Météo France et de l'INRAE publiée en 2023, 16 % de l'eau prélevée pour produire la neige s'évapore, les 84 % restants étant restitués au milieu naturel lors de la fonte, sans altération de sa qualité. En outre, le volume d'eau prélevé (puis restitué) pour la neige de culture reste modeste par rapport aux précipitations naturelles puisqu'il équivaut à une précipitation pluvieuse de 30 mm, soit un orage d'été, sur la superficie totale des domaines skiables.

Prises ensemble, ces considérations poussent à adopter une approche de la sobriété hydrique qui ne soit pas strictement quantitative. La neige de culture réduit également l'exposition des domaines skiables au changement climatique, puisque d'ici 2050 (selon cette même étude), quel que soit le scénario climatique, un taux de couverture de 45 % permet de maintenir des conditions d'enneigement comparables à la situation de référence (1986-2005). Si un enneigement défavorable demeure possible certaines années, cet épisode ne surviendrait pas plus souvent que pendant la période de référence. Au-delà de 2050, les situations varient selon les scénarios du GIEC et les caractéristiques de chaque station, mais quelle activité industrielle a une stratégie crédible à cet horizon?

EN CHIFFRES

Le plan de sobriété hydrique de la filière des domaines skiables français s'inscrit donc dans la continuité des actions déjà engagées et fixe désormais dans le détail des engagements mesurables à horizon 2030 :

- Réduction de 10 % de prélèvement par hectare équipé en neige de culture par rapport à l'hiver 2016-2017,
- Baisse de 10 % sur les autres usages de l'eau dans les domaines par rapport à l'hiver 2024-2025,
- 100 % des domaines de taille moyenne et grande équipés en mesure de hauteur de neige afin d'optimiser l'épaisseur du manteau neigeux,
- 100 % des domaines prélevant plus de 100 000 m³ dotés d'un système de ralentissement du cycle de l'eau,
- Formation systématique des personnels, notamment les nivoculteurs et conducteurs d'engins.

La neige par beau temps, magie de la technologie.

PEINDRE LES MONTAGNES

Auteur : Sophie Marin

Un musée idéal réunissant plus de 100 œuvres exceptionnelles et représentant près de 70 artistes, de William Turner à Gerhard Richter. Ils s'appellent Cuno Amiet, Jules Flandrin, Giacomo Giacometti, Ferdinand Hodler, Vassily Kandinsky, Oskar Kokoschka, Gabriel Loppé, Franz Marc, Gabriele Münter, Gerhard Richter, William Turner. Parce qu'ils y résidaient ou y avaient séjourné durant l'un de leurs voyages, tous ont peint les Alpes, avec leur sensibilité, leur technique, leur regard unique. Les uns se sont attardés à saisir les gestes des Alpins dans leur quotidien, les autres n'avaient d'yeux que pour les plus hauts sommets et leurs glaciers. Tous les courants de la peinture du XIXe siècle à aujourd'hui sont présents, la peinture alpestre restant une invention récente. Cette galerie de peintures explore non seulement la représentation des Alpes depuis deux siècles, mais elle constitue aussi et surtout une ode à la beauté des montagnes et au génie des artistes qui les ont croquées.

Peindre les montagnes : 100 chefs-d'œuvre de William Turner à Gerhard Richter
240 mm x 320 mm
Prix : 49 €

« IL FAUT INLASSABLEMENT RÉPÉTER QU'AUCUN ADJUVANT N'EST UTILISÉ POUR PRODUIRE LA NEIGE. SELON UNE ÉTUDE CONJOINTE DE MÉTÉO FRANCE ET DE L'INRAE PUBLIÉE EN 2023, 16 % DE L'EAU PRÉLEVÉE POUR PRODUIRE LA NEIGE S'ÉVAPORE, LES 84 % RESTANTS ÉTANT RESTITUÉS AU MILIEU NATUREL LORS DE LA FONTE, SANS ALTÉRATION DE SA QUALITÉ. »

QUELLES PRATIQUES DES FRANÇAIS EN MONTAGNE L'ÉTÉ ?

Atout France et ses partenaires ont dévoilé le volet été du Baromètre montagne multisaisons, après le volet hiver publié en janvier.
Cette première étude de grande ampleur depuis plus de cinq ans apporte un éclairage inédit sur le profil, la pratique et les attentes des Français, permettant également de mieux adapter l'offre touristique.
Au cours des trois dernières années, 41 % des Français ont fréquenté la montagne en été, dont 30 % pour un séjour et 11 % pour une excursion à la journée. Cette part est supérieure à celle observée en hiver, où 30 % des Français se sont rendus en montagne (24 % pour un séjour et 7 % pour une excursion).
Les séjours estivaux offrent un niveau de satisfaction exceptionnel : 96 % indiquent être satisfaits de leur dernier séjour et plus de la moitié se disent même «très satisfaits».
Parmi les principaux déclencheurs de séjour, la nature, les paysages, le calme offert par la montagne attirent près de 2/3 des séjournants. Deux sur cinq viennent pour déconnecter du quotidien ou retrouver des proches pour découvrir un territoire, son patrimoine et sa gastronomie. Étonnamment, les activités sportives ne sont déterminantes que pour 16 % des Français, à comparer à l'hiver où la glisse en général et le ski en particulier sont plébiscités et déclencheurs du séjour.

«LE PATRIMOINE MONTAGNARD DANS LE CŒUR DES FRANÇAIS»

Les activités liées à la culture et l'art de vivre sont les activités favorites des Français se rendant à la montagne l'été. Visites de villages et du patrimoine, marchés, découverte des produits locaux sont ainsi pratiqués par 83 % des séjournants et 75 % des excursionnistes (à la journée). Arrivent ensuite, sans surprise, la balade et la randonnée, toujours très populaires, pratiquées par 63 % des séjournants et 60 % des excursionnistes.
Havre de ressourcement, la découverte de la nature (faune, flore) et sa contemplation occupent une place importante, et sont pratiquées par un tiers des séjournants. En complément, 13 % d'entre eux (8 % des excursionnistes) profitent de leur venue à la montagne pour pratiquer des activités de bien-être (massage, balnéo, spa, yoga). Du côté des activités sportives, le vélo (route et VTT) se démarque à égalité avec les activités d'eau de pleine nature (canoé, baignade, canyoning...), loin devant le trail, l'escalade et le parapente qui apparaissent comme des activités pour initiés.

«QUI SONT LES FRANÇAIS QUI SE RENDENT À LA MONTAGNE L'ÉTÉ?»

Grâce à la diversité de l'offre en montagne, les vacanciers d'été ont un profil d'âge proche de la moyenne nationale (source INSEE 2024), avec quelques différences, comme la présence des jeunes un peu moins forte qu'en hiver tout en restant supérieure aux autres tranches d'âge. De l'autre côté de l'échelle, les 65 ans et plus sont moins représentés que la moyenne nationale (21 % contre 27 %), mais davantage qu'en hiver (13 %). Côté revenus, le profil des séjournants estivaux est proche de celui de l'hiver : les ménages modestes (gagnant moins de 3000 euros par mois) sont sous-représentés, à l'exception des excursionnistes dont le profil se rapproche de la moyenne nationale, que ce soit en âge ou en revenus, avec même une légère surreprésentation des ménages

La montagne aménagée plébiscitée en hiver, la montagne sauvage en été.

modestes. Logiquement, les voyageurs issus des régions de massifs (Occitanie, Région Sud et Auvergne-Rhône-Alpes) sont naturellement plus présents, principalement pour les excursionnistes.

«ÉGALITÉ PARFAITE ENTRE LONGS ET COURTS SÉJOURS»

Au cours des trois derniers étés, les Français ayant choisi la montagne ont effectué quasiment autant de séjours longs (cinq jours et plus : 42 %) que courts (quatre jours et moins : 38 %). Avec une moyenne de 2,8 séjours sur trois ans étudiés, les pratiquants estivaux se révèlent fidèles et réguliers, à l'instar de l'hiver (2,9 séjours).

«UNE MONTAGNE AMÉNAGÉE QUESTIONNÉE, ENCORE PLUS L'ÉTÉ QUE L'HIVER»

Si les stations continuent de se démarquer en hiver (48 % des séjours contre 27 % pour la montagne non aménagée), le rapport s'inverse l'été : la montagne non aménagée attire 54 % des Français, mais les séjours engagés sur le plan sportif (bivouac, refuge) demeurent confidentiels à 6 %. Toutefois, les stations centrées sur les activités sportives et les animations ne rassemblent que 13 % des séjournants quand les villages-stations habités à l'année restent attractifs pour 24 % des vacanciers.

LA CUISINE DE MONTAGNE

Auteur : Alexis-Olivier Sbriglio – Fondation Facim

Paru début octobre 2025 aux éditions Glénat, ce livre d'Alexis-Olivier Sbriglio avec les photographies de Dom Daher, des éclairages patrimoniaux signés Fabrice Gabriel, directeur de la FACIM (Fondation pour l'action culturelle internationale en montagne), une préface de Marc Veyrat et un avant-propos de René Meilleur, s'impose comme le livre de référence de la cuisine de montagne avec 39 recettes traditionnelles customisées par 39 jeunes chefs alpins de moins de 39 ans. Non, la cuisine de montagne ne tient pas dans le seul trio « raclette, fondue, tartiflette », des plats iconiques certes, mais qui ne doivent pas éclipser l'autre cuisine, celle des montagnards. De la tourte au chénopode à la blanquette de veau à la valdôtaine, en passant par la polenta légère aux fleurs de montagne, ou les diots cuits aux sarments de vigne, la cuisine de montagne n'a longtemps eu qu'une seule fonction : nourrir l'homme, le réconforter après une journée de dur labeur, le réchauffer dans un hiver sans fin. Pourtant, en 30 ans à peine, la cuisine de montagne est devenue l'une des plus étoilées et toquées de France. De Megève à Courchevel, de Val d'Isère aux rivages des lacs, il n'y a jamais eu autant de jeunes chefs amateurs de cueillette sauvage, pêcheurs dans l'âme ou aimant taquiner le gibier. Mais que connaissent-ils de ces plats d'autrefois ? Le journaliste culinaire Alexis-Olivier Sbriglio a lancé un pari fou à ces jeunes chefs qu'il a soigneusement sélectionnés au cœur des montagnes de Savoie, Haute-Savoie, Isère... et même Suisse !

La Cuisine de montagne
Photographie Dom Daher
21,5 x 28,8 cm – 288 pages
Prix : 40 €

Après avoir investi dans les énergies renouvelables, le domaine skiable de Serre-Chavalier avance sur l'économie circulaire.

Le domaine skiable de Serre Chevalier en pointe sur l'économie circulaire

Après avoir mis en service un programme de production d'électricité renouvelable, l'une des réalisations les plus avancées sur la transition énergétique dans les stations de ski couvrant 34 % de ses besoins énergétiques annuels grâce à trois technologies de production d'énergies renouvelables (hydroélectricité, photovoltaïque et microéolienne), la société Serre Chevalier Vallée, filiale de la Compagnie des Alpes, s'est lancée dans un nouveau défi : structurer la politique d'économie circulaire du domaine skiable. Ce nouveau défi environnemental et sociétal repose sur trois piliers fondamentaux : réduire la consommation de ressources, réutiliser tout ce qui peut l'être, recycler les matières en fin de vie, le tout en intégrant des solutions innovantes et réparables.

Le domaine skiable de Serre Chevalier a commencé par modifier sa politique d'achat dans une approche privilégiant la récupération en réparant systématiquement quand c'est possible ce qui est cassé ou en démontant les pièces qui ne sont plus utilisées afin de constituer un stock de marchandises et de pièces d'occasion. Le choix des fournisseurs et des achats se fait désormais en priorité avec ceux dont les pièces, machines, outils, sont plus durables et plus réparables.

Quelques exemples concrets : lors du démontage de la télécabine de Fréjus, les anciennes gares de départ et d'arrivée ont été démontées et cédées pour des sommes modiques à un agriculteur et un artisan de la vallée afin d'être réutilisées et transformées en deux hangars. Le bois des anciennes gares de cette télécabine a également été intégralement récupéré, soit 700 m² de bois de mélèze ancien (60 ans). Ce bois précieux est ainsi réutilisé par SCV, mais aussi mis à la disposition des habitants pour éviter ainsi l'achat de bois neuf (souvent importé d'Autriche).

Sur les 450 tenues de travail et de ski des équipes, plus de 100 ont été réparées l'année dernière, prolongeant leur durée de vie d'un an. L'ancienne bâche d'une retenue collinaire ainsi que le géotextile ont été démontés et mis en rouleaux afin d'être réutilisés à 100 % (soit 8000 m² pour les deux matériaux) pour des usages internes et mis à disposition des salariés pour être découpés et transformés en bâche de remorques ou pour couvrir les tas de bois de chauffage, le reliquat étant mis à disposition des habitants de la vallée.

Désormais, SCV inventorie systématiquement tous les matériaux récupérés, prévoit leur usage sur trois ans, pour vendre ou donner ce qui n'est pas utilisé. Le principe est de ne rien jeter sans avoir au préalable réfléchi à un usage potentiel. De nouveaux outils sont en cours d'élaboration afin de développer cette stratégie d'économie circulaire avec la création d'un centre de ressourcerie et d'une plateforme en ligne pour pièces d'occasion.

Comme quoi, on peut toujours s'améliorer, quel que soit le domaine, pour peu qu'on remette systématiquement en cause les vieilles habitudes...

skifrançais

TOME 7

VACANCES AU SKI

Direction d'ouvrage Laurent Belluard
Directeur artistique Michel Barthelemy
Fabrication et prépresse Glénat Production

37 rue Servan – 38000 Grenoble
contact@glenat.com / www.glenat.com
ISBN : 978-2-344-07098-7
Dépôt légal : novembre 2025
Achevé d'imprimer en France en novembre 2025 par Pollina à Luçon (85)
sur papier provenant de forêts gérées de manière durable
PEFC 10-31-2065 / Certifié PEFC / pefc-france.org

DOMAINES SKIABLES DE FRANCE

CRÉDITS PHOTOGRAPHIQUES

P1 : JEAN-JACQUES BERNIER/GETTY IMAGES • P2 : COLLECTION LAURENT BELLUARD • P3 HAUT : COLLECTION LAURENT BELLUARD • P3 MILIEU : COLLECTION CLUB MED • P3 BAS : ARMEL BRUCELLE/GETTY IMAGES • P5 : COLLECTION MUSÉE DAUPHINOIS - DÉPARTEMENT DE L'ISÈRE • P6 : GETTY IMAGES • P7 HAUT GAUCHE : GETTY IMAGES • P7 HAUT DROITE : GETTY IMAGES • P7 BAS GAUCHE : COLLECTION MUSÉE DAUPHINOIS - DÉPARTEMENT DE L'ISÈRE • P7 BAS DROITE : GETTY IMAGES • P8 GAUCHE : COLLECTION MUSÉE DAUPHINOIS - DÉPARTEMENT DE L'ISÈRE • P8 DROITE : ULLSTEIN BILD/GETTY IMAGES • P9 GAUCHE : COLLECTION MUSÉE DAUPHINOIS - DÉPARTEMENT DE L'ISÈRE • P9 DROITE : PHOTO AND CO/GETTY IMAGES • P10 HAUT : MATHUS DECROUX/OT ELAINE/UCPA • P10 BAS : UCPA/MAXIME GRUSS • P11 GAUCHE : FRANCE MONTAGNES • P11 DROITE : FRANCE MONTAGNES • P14 À 20 : STEF CANDÉ • P26 : GETTY IMAGES • P28 HAUT : COLLECTION ESF • P28 BAS : COLLECTION ESF • P29 HAUT : PRESSE SPORTS • P29 BAS : COLLECTION LAURENT BELLUARD • P31 : COLLECTION LAURENT BELLUARD • P32 : AGENCE ZOOM POUR L'ESF • P34 : COLLECTION GILBERT MIRALLES • P36 : COLLECTION CLUB MED • P37 HAUT : COLLECTION LAURENT BELLUARD • P37 MILIEU ET BAS : MAUD DELAFLOTTE/CLUB MED • P38 HAUT GAUCHE : FRANÇOIS PEYRANNE/CLUB MED • P38 HAUT MILIEU : FRANÇOIS PEYRANNE/CLUB MED • P38 HAUT DROITE : FRANÇOIS PEYRANNE/CLUB MED • P38 BAS GAUCHE : FRANÇOIS PEYRANNE/CLUB MED • P38 BAS MILIEU : LUDOVIC BALAY/CLUB MED • P38 BAS DROITE : LUDOVIC BALAY/CLUB MED • P39 : MAUD DELAFLOTTE/CLUB MED • P40 : COLLECTION LAURENT BELLUARD • P42 : DOM DAHER • P44 : GETTY IMAGES • P45 HAUT : MEDIATHEQUE SNCF, PHOTO PATRICK OLIVAIN • P45 BAS GAUCHE : GETTY IMAGES • P45 BAS DROITE : GETTY IMAGES • P46 HAUT : LA VIE DU RAIL, BRONCARD • P46 BAS : MONT-BLANC EXPRESS P47 HAUT : GETTY IMAGES • P47 BAS GAUCHE : COLLECTION PIERRE-LOUIS ROY • P47 BAS DROITE : LA VIE DU RAIL • P48 : GETTY IMAGES • P49 HAUT GAUCHE : GETTY IMAGES • P49 MILIEU GAUCHE : GETTY IMAGES • P49 DROITE : SLIM AARONS/GETTY IMAGES • P49 BAS : ROBERTHARDING/ALAMY STOCK PHOTO • P50 : GETTY IMAGES • P51 : DOM DAHER • P52 HAUT ET BAS : GETTY IMAGES • P54 : UCPA/SAM DECOUT • P56 : UCPA/VINCENT COLIN • P57 HAUT : UCPA/MAXIME GRUSS • P57 BAS : COLLECTION LAURENT BELLUARD • P59 : UCPA/VINCENT COLIN • P60 : JAMES ANDANSON/GETTY IMAGES • P62 : BUDDY MAYS/GETTY IMAGES • P63 HAUT ET BAS : WITT PIERRE/HEMIS • P64 : MONTICO LIONEL/HEMIS • P66 : H. ARMSTRONG ROBERTS/CLASSICSTOCK/GETTY IMAGES • P68 : GETTY IMAGES • P69 : JACQUES PIERRE/HEMIS • P70 HAUT ET BAS : RICHARD BORD/GETTY IMAGES • P71 : COLLECTION LAURENT BELLUARD • P72 : WITT PIERRE/HEMIS • P76 : BASTIEN BECHON/HAUTES TERRES TOURISME • P78 : STEF CANDÉ • P81 : BASTIEN BECHON/HAUTES TERRES TOURISME • P83 : GETTY IMAGES • P85 À 86 : RICHEZ ASSOCIÉS • P88 : STEF CANDÉ • P90 GAUCHE : DOM DAHER • P91 DROITE : GLÉNAT • P92 GAUCHE : DOM DAHER • P93 DROITE : GLÉNAT • P94 : THIBAUT DURAND